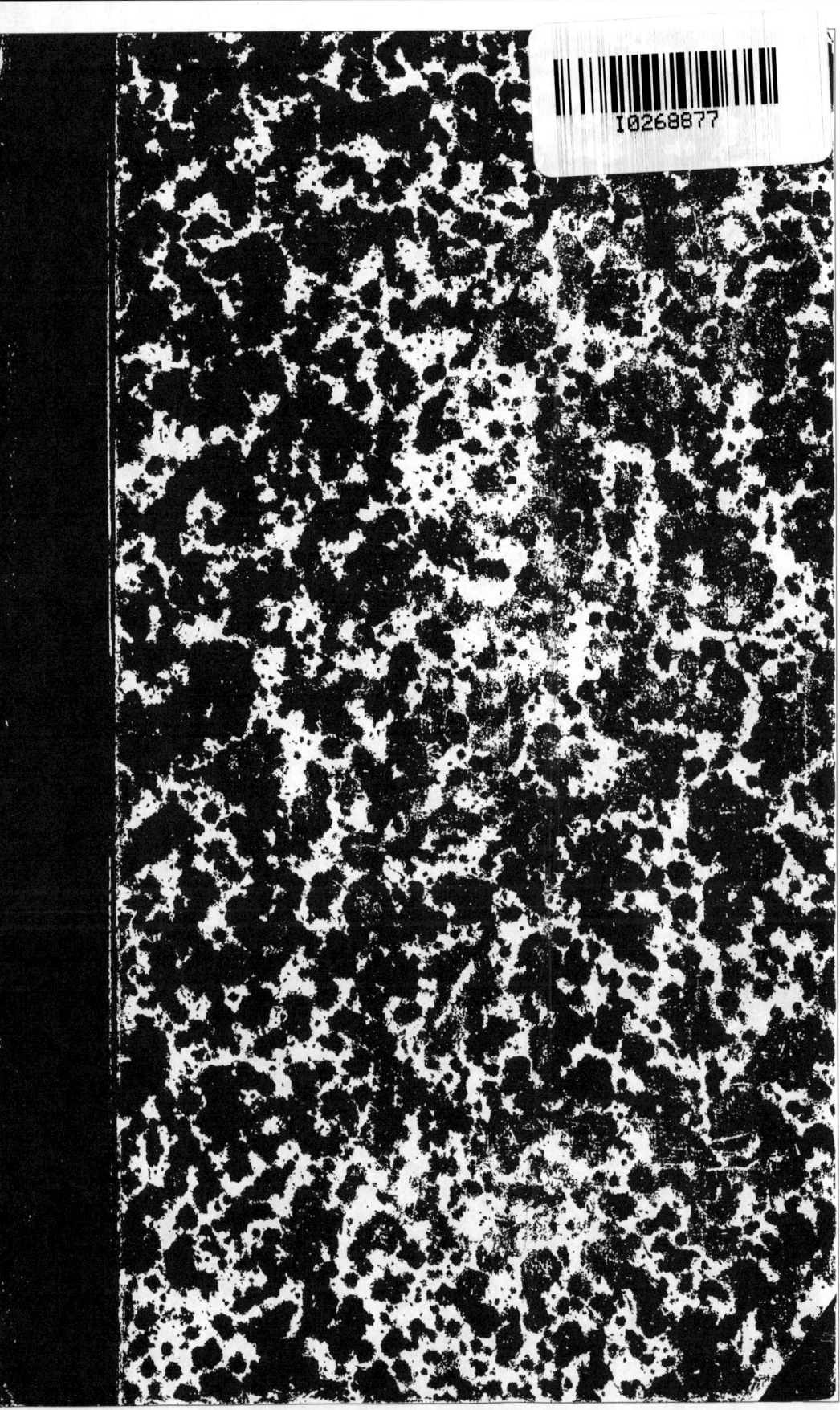

B 175

LA LÉGENDE
DES SIÈCLES

TOME SECOND

PARIS. — IMPRIMERIE DE J. CLAYE
RUE SAINT-BENOIT, 7.

LA LÉGENDE
DES S·IÈCLES

PAR

VICTOR HUGO

PREMIÈRE SÉRIE

HISTOIRE — LES PETITES ÉPOPÉES

TOME II

PARIS

MICHEL LÉVY FRÈRES. — HETZEL ET CIE
RUE VIVIENNE, 2 BIS
—
M DCCC LIX

Tous droits réservés

VII

L'ITALIE. — RATBERT

I

LES CONSEILLERS PROBES ET LIBRES

———

Ratbert, fils de Rodolphe et petit-fils de Charles,
Qui se dit empereur et qui n'est que roi d'Arles,
Vêtu de son habit de patrice romain,
Et la lance du grand saint Maurice à la main,
Est assis au milieu de la place d'Ancône.
Sa couronne est l'armet de Didier, et son trône

Est le fauteuil de fer de Henri l'Oiseleur.
Sont présents cent barons et chevaliers, la fleur
Du grand arbre héraldique et généalogique
Que ce sol noir nourrit de sa séve tragique.
Spinola, qui prit Suze et qui la ruina,
Jean de Carrara, Pons, Sixte Malaspina
Au lieu de pique ayant la longue épine noire;
Ugo, qui fit noyer ses sœurs dans leur baignoire,
Regardent dans leurs rangs entrer avec dédain
Guy, sieur de Pardiac et de l'Ile-en-Jourdain;
Guy, parmi tous ces gens de lustre et de naissance,
N'ayant encor pour lui que le sac de Vicence,
Et, du reste, n'étant qu'un batteur de pavé,
D'origine quelconque et de sang peu prouvé.
L'exarque Sapaudus que le saint-siége envoie,
Sénèque, marquis d'Ast; Bos, comte de Savoie;
Le tyran de Massa, le sombre Albert Cibo
Que le marbre aujourd'hui fait blanc sur son tombeau;
Ranuce, caporal de la ville d'Anduze;
Foulque, ayant pour cimier la tête de Méduse;
Marc, ayant pour devise: IMPERIUM FIT JUS;
Entourent Afranus, évêque de Fréjus.
Là sont Farnèse, Ursin, Cosme à l'âme avilie;
Puis les quatre marquis souverains d'Italie;
L'archevêque d'Urbin, Jean, bâtard de Rodez,
Alonze de Silva, ce duc dont les cadets
Sont rois, ayant conquis l'Algarve portugaise,
Et Visconti, seigneur de Milan, et Borghèse,

Et l'homme, entre tous faux, glissant, habile, ingrat,
Avellan, duc de Tyr et sieur de Montferrat ;
Près d'eux Prendiparte, capitaine de Sienne ;
Pic, fils d'un astrologue et d'une égyptienne ;
Alde Aldobrandini ; Guiscard, sieur de Beaujeu,
Et le gonfalonier du saint-siége et de Dieu,
Gandolfe, à qui, plus tard, le pape Urbain fit faire
Une statue équestre en l'église Saint-Pierre,
Complimentent Martin de la Scala, le roi
De Vérone, et le roi de Tarente, Geoffroy ;
A quelques pas se tient Falco, comte d'Athène,
Fils du vieux Muzzufer, le rude capitaine
Dont les clairons semblaient des bouches d'aquilon ;
De plus, deux petits rois, Agrippin et Gilon.

Tous jeunes, beaux, heureux, pleins de joie et farouches.

Les seigneurs vont aux rois ainsi qu'au miel les mouches.
Tous sont venus, des burgs, des châteaux, des manoirs ;
Et la place autour d'eux est déserte ; et cent noirs,
Tous nus, et cent piquiers aux armures persanes
En barrent chaque rue avec leurs pertuisanes.

Geoffroy, Martin, Gilon, l'enfant Agrippin Trois,
Sont assis sous le dais près du maître, étant rois.

Dans ce réseau de chefs qui couvrait l'Italie,
Je passe Théodat, prince de Trente; Élie,
Despote d'Avenzo, qu'a réclamé l'oubli;
Ce borgne Ordelafo, le bourreau de Forli;
Lascaris, que sa tante Alberte fit eunuque;
Othobon, sieur d'Assise, et Tibalt, sieur de Lucque;
C'est que, bien que mêlant aux autres leurs drapeaux,
Ceux-là ne comptaient point parmi les principaux;
Dans un filet on voit les fils moins que les câbles;
Je nomme seulement les monstres remarquables.

Derrière eux, sur la pierre auguste d'un portail,
Est sculpté Satan, roi, forçat, épouvantail,
L'effrayant ramasseur de haillons de l'abîme,
Ayant sa hotte au dos, pleine d'âmes, son crime
Sur son aile qui ploie, et son croc noir qui luit
Dans son poing formidable, et, dans ses yeux, la nuit.

Pour qui voudrait peser les droits que donne au maître

La pureté du sang dont le ciel l'a fait naître,
Ratbert est fils d'Agnès, comtesse d'Elseneur ;
Or, c'est la même gloire et c'est le même honneur
D'être enfanté d'Agnès que né de Messaline.

Malaspina, portant l'épine javeline,
Redoutable marquis à l'œil fauve et dévot,
Est à droite du roi, comme comte et prévôt.

C'est un de ces grands jours où les bannières sortent.
Dix chevaliers de l'ordre Au Droit Désir apportent
Le Nœud d'Or, précédés d'Énéas, leur massier,
Et d'un héraut de guerre en soutane d'acier.

Le roi brille, entouré d'une splendeur d'épées.
Plusieurs femmes sont là, près du trône groupées ;
Élise d'Antioche, Ana, Cubitosa,
Fille d'Azon, qu'Albert de Mantoue épousa ;
La plus belle, Matha, sœur du prince de Cumes,
Est blonde ; et, l'éventant d'un éventail de plumes,
Sa naine, par moments, lui découvre les seins ;
Couchée et comme lasse au milieu des coussins,

Elle enivre le roi d'attitudes lascives;
Son rire jeune et fou laisse voir ses gencives;
Elle a ce vêtement ouvert sur le côté,
Qui, plus tard, fut au Louvre effrontément porté
Par Bonne de Berry, fille de Jean de France.

Dans Ancône, est-ce deuil, terreur, indifférence?
Tout se tait; les maisons, les bouges, les palais,
Ont bouché leur lucarne ou fermé leurs volets;
Le cadran qui dit l'heure a l'air triste et funeste.

Le soleil luit aux cieux comme dans une peste;
Que l'homme soit foulé par les rois ou saisi
Par les fléaux, l'azur n'en a point de souci;
Le soleil, qui n'a pas d'ombre et de lueurs fausses,
Rit devant les tyrans comme il rit sur les fosses.

Ratbert vient d'inventer, en se frappant le front,
Un piége où ceux qu'il veut détruire tomberont;
Il en parle tout bas aux princes, qui sourient.

La prière — le peuple aime que les rois prient —
Est faite par Tibère, évêque de Verceil.

Tous étant réunis, on va tenir conseil.

Les deux huissiers de l'Ordre, Anchise avec Trophime,
Invitent le plus grand comme le plus infime
A parler, l'empereur voulant que les avis,
Mauvais, soient entendus, et, justes, soient suivis ;
Puis il est répété par les huissiers, Anchise
Et Trophime, qu'il faut avec pleine franchise
Sur la guerre entreprise offrir son sentiment ;
Que chacun doit parler à son tour librement ;
Que c'est jour de chapitre et jour de conscience ;
Et que, dans ces jours-là, les rois ont patience,
Vu que, devant le Christ, Thomas Didyme a pu
Parler insolemment sans être interrompu.
Et puisse l'empereur vivre longues années !

On voit devant Ratbert trois haches destinées,
La première, au quartier de bœuf rouge et fumant
Qu'un grand brasier joyeux cuit à son flamboiement,
La deuxième, au tonneau de vin que sur la table

A placé l'échanson aidé du connétable,
La troisième, à celui dont l'avis déplaira.

Un se lève. On se tait. C'est Jean de Carrara.

« Ta politique est sage et ta guerre est adroite,
Noble empereur, et Dieu te tient dans sa main droite.
Qui te conteste est traître et qui te brave est fou.
Je suis ton homme lige, et, toujours, n'importe où,
Je te suivrai, mon maître, et j'aimerai ta chaîne,
Et je la porterai.

— Celle-ci, capitaine,
Dit Ratbert, lui jetant au cou son collier d'or.
De plus, j'ai Perpignan, je t'en fais régidor. »

L'archevêque d'Urbin salue, il examine
Le plan de guerre, sac des communes, famine,
Les moyens souterrains, les rapports d'espions.
« Sire, vous êtes grand comme les Scipions;

En vous voyant, le flanc de l'Église tressaille...

— Archevêque, pardieu ! dit Ratbert, je te baille
Un sou par muid de vin qu'on boit à Besançon. »

Cibo, qui parle avec un accent brabançon,
S'en excuse, ayant fait à Louvain ses études,
Et dit :

« Sire, les gens à fières attitudes
Sont des félons ; pieds nus et la chaîne aux poignets,
Qu'on les fouette. O mon roi ! par votre mère Agnès,
Vous êtes empereur ; vous avez les trois villes,
Arles, Rome de Gaule et la mère des Milles,
Bordeaux en Aquitaine et les îles de Ré,
Naple, où le mont Vésuve est fort considéré.
Qui vous résiste essaye une lutte inutile ;
Noble, qu'on le dégrade, et, serf, qu'on le mutile ;
Vous affronter est crime, orgueil, lâche fureur ;
Quiconque ne dit pas : Ratbert est l'empereur,
Doit mourir ; nous avons des potences, j'espère.
Quant à moi, je voudrais, fût-ce mon propre père,

S'il osait blasphémer César que Dieu conduit,
Voir les corbeaux percher sur ses côtes la nuit,
Et la lune passer à travers son squelette. »

Ratbert dit : « Bon marquis, je te donne Spolète. »

C'est à Malaspina de parler. Un vieillard
Se troublerait devant ce jeune homme; il sait l'art
D'évoquer le démon, la stryge, l'égrégore;
Il teint sa dague avec du suc de mandragore;
Il sait des palefrois empoisonner le mors;
Dans une guerre, il a rempli de serpents morts
Les citernes de l'eau qu'on boit dans les Abruzzes;
Il dit : « La guerre est sainte ! » Il rend compte des ruses,
A voix basse, et finit à voix haute en priant :
« Fais régner l'empereur du nord à l'orient !
Mon Dieu, c'est par sa bouche auguste que tu parles.

— Je te fais capischol de mon chapitre d'Arles, »
Dit Ratbert.

Afranus se lève le dernier.
Cet évêque est pieux, charitable, aumônier;
Quoique jeune, il voulait se faire anachorète;
Il est grand casuiste et très-savant; il traite
Les biens du monde en homme austère et détaché;
Jadis, il a traduit en vers latins Psyché;
Comme il est humble, il a les reins ceints d'une corde.

Il invoque l'esprit divin; puis il aborde
Les questions : — Ratbert, par stratagème, a mis
Son drapeau sur les murs d'Ancône; c'est permis;
Ancône étant peu sage; et la ruse est licite
Lorsqu'elle a glorieuse et pleine réussite,
Et qu'au bonheur public on la voit aboutir;
Et ce n'est pas tromper, et ce n'est pas mentir
Que mettre à la raison les discordes civiles;
Les prétextes sont bons pour entrer dans les villes. —
Il ajoute : « La ruse, ou ce qu'on nomme ainsi,
Fait de la guerre, en somme, un art plus adouci;
Moins de coups, moins de bruit; la victoire plus sûre.
J'admire notre prince, et, quand je le mesure
Aux anciens Alarics, aux antiques Cyrus
Passant leur vie en chocs violents et bourrus,
Je l'estime plus grand, faisant la différence
D'Ennius à Virgile et de Plaute à Térence.

Je donne mon avis, sire, timidement ;
Je suis d'Église, et n'ai que l'humble entendement
D'un pauvre clerc, mieux fait pour chanter des cantiques
Que pour parler devant de si grands politiques ;
Mais, beau sire, on ne peut voir que son horizon,
Et raisonner qu'avec ce qu'on a de raison ;
Je suis prêtre, et la messe est ma seule lecture ;
Je suis très-ignorant ; chacun a sa monture
Qu'il monte avec audace ou bien avec effroi ;
Il faut pour l'empereur le puissant palefroi
Bardé de fer, nourri d'orge blanche et d'épeautre,
Le dragon pour l'archange et l'âne pour l'apôtre.
Je poursuis, et je dis qu'il est bon que le droit
Soit, pour le roi, très-large, et, pour le peuple, étroit ;
Le peuple étant bétail et le roi, berger. Sire,
L'empereur ne veut rien sans que Dieu le désire.
Donc, faites ! Vous pouvez, sans avertissements,
Guerroyer les chrétiens comme les ottomans ;
Les ottomans étant hors de la loi vulgaire,
On peut les attaquer sans déclarer la guerre ;
C'est si juste et si vrai, que, pour premiers effets,
Vos flottes, sire, ont pris dix galères de Fez ;
Quant aux chrétiens, du jour qu'ils sont vos adversaires,
Ils sont de fait païens, sire, et de droit corsaires.
Il serait malheureux qu'un scrupule arrêtât
Sa majesté, quand c'est pour le bien de l'État.
Chaque affaire a sa loi ; chaque chose a son heure.
La fille du marquis de Final est mineure ;

Peut-on la détrôner? En même temps, peut-on
Conserver, à la sœur de l'empereur, Menton?
Sans doute. Les pays ont des mœurs différentes.
Pourvu que de l'Église on maintienne les rentes,
On le peut. Les vieux temps, qui n'ont plus d'avocats,
Agissaient autrement; mais je fais peu de cas
De ces temps-là; c'étaient des temps de république.
L'empereur, c'est la règle; et, bref, la loi salique,
Très-mauvaise à Menton, est très-bonne à Final.

— Évêque, dit le roi, tu seras cardinal. »

Pendant que le conseil se tenait de la sorte,
Et qu'ils parlaient ainsi dans cette ville morte,
Et que le maître avait sous ses pieds ces prélats,
Ces femmes, ces barons en habits de galas,
Et l'Italie au loin comme une solitude,
Quelques seigneurs, ainsi qu'ils en ont l'habitude,
Regardant derrière eux d'un regard inquiet,
Virent que le Satan de pierre souriait.

II

LA DÉFIANCE D'ONFROY

Parmi les noirs déserts et les mornes silences,
Ratbert, pour l'escorter n'ayant que quelques lances,
Et le marquis Sénèque et l'évêque Afranus,
Traverse, presque seul, des pays inconnus;
Mais il sait qu'il est fort de l'effroi qu'il inspire,
Et que l'empereur porte avec lui tout l'empire.

Un soir, Ratbert s'arrête aux portes de Carpi ;
Sur ce seuil formidable un dogue est accroupi ;
Ce dogue, c'est Onfroy, le baron de la ville ;
Calme et fier, sous la dent d'une herse incivile,
Onfroy s'adosse aux murs qui bravaient Attila ;
Les femmes, les enfants et les soldats sont là ;
Et voici ce que dit le vieux podesta sombre
Qui parle haut, ayant son peuple dans son ombre :

« Roi, nous te saluons sans plier les genoux.
Nous avons une chose à te dire. Quand nous,
Gens de guerre et barons qui tenions la province,
Nous avons bien voulu de toi pour notre prince,
Quand nous t'avons donné ce peuple et cet état,
Sire, ce n'était point pour qu'on les maltraitât.
Jadis nous étions forts. Quand tu nous fis des offres,
Nous étions très-puissants ; de l'argent plein nos coffres ;
Et nous avions battu tes plus braves soldats ;
Nous étions tes vainqueurs. Roi, tu ne marchandas
Aucun engagement, sire, aucune promesse ;
On traita ; tu juras par ta mère et la messe ;
Nous alors, las d'avoir de l'acier sur la peau,
Comptant que tu serais bon berger du troupeau,
Et qu'on abolirait les taxes et les dîmes,
Nous vînmes te prêter hommage, et nous pendîmes

Nos casques, nos hauberts et nos piques aux clous.
Roi, nous voulons des chiens qui ne soient pas des loups.
Tes gens se sont conduits d'une telle manière
Qu'aujourd'hui toute ville, altesse, est prisonnière
De la peur que ta suite et tes soldats lui font,
Et que pas un fossé ne semble assez profond.
Vois, on se garde. Ici, dans les villes voisines,
On ne lève jamais qu'un pieu des sarrasines
Pour ne laisser passer qu'un seul homme à la fois;
A cause des brigands et de vous autres rois.
Roi, nous te remontrons que ta bande à toute heure
Dévalise ce peuple, entre dans sa demeure,
Y met tout en tumulte et sens dessus dessous,
Puis s'en va, lui volant ses misérables sous;
Cette horde en ton nom incessamment réclame
Le bien des pauvres gens qui nous fait saigner l'âme,
Et puisque, nous présents avec nos compagnons,
On le prend sous nos yeux, c'est nous qui le donnons;
Oui, c'est nous qui, trouvant qu'il vous manque des filles,
Des meutes, des chevaux, des reîtres, des bastilles,
Lorsque vous guerroyez et lorsque vous chassez,
Et qu'ayant trop de tout, vous n'avez point assez,
Avons la bonté rare et touchante de faire
Des charités, à vous, les heureux de la terre
Qui dormez dans la plume et buvez dans l'or fin,
Avec tous les liards de tous les meurt-de-faim!
Or, il nous reste encore, il faut que tu le saches,
Assez de vieux pierriers, assez de vieilles haches,

Assez de vieux engins au fond de nos greniers,
Sire, pour ne pas être à ce point aumôniers,
Et pour ne faire point, comme dans ton Autriche,
Avec l'argent du pauvre une largesse au riche.
Nous pouvons, en creusant, retrouver aujourd'hui
Nos estocs sous la rouille et nos cœurs sous l'ennui;
Nous pouvons décrocher, de nos mains indignées,
Nos bannières parmi les toiles d'araignées,
Et les faire flotter au vent, si nous voulons.

Sire, en outre, tu mets l'opprobre à nos talons.
Nous savons bien pourquoi tu combles de richesses
Nos filles et nos sœurs dont tu fais des duchesses,
Étoiles d'infamie au front de nos maisons.
Roi, nous n'acceptons pas sur nos durs écussons
Des constellations faites avec des taches;
La honte est mal mêlée à l'ombre des panaches;
Le soldat a le pied si maladroit, seigneur,
Qu'il ne peut sans boiter traîner le déshonneur.
Nos filles sont nous-même; au fond de nos tours noires,
Leur beauté chaste est sœur de nos anciennes gloires;
C'est pourquoi nous trouvons qu'on fait mal à propos
Les rideaux de ton lit avec nos vieux drapeaux.

Tes juges sont des gueux ; bailliage ou cour plénière.
On trouve, et ce sera ma parole dernière,
Dans nos champs, où l'honneur antique est au rabais,
Pas assez de chemins, sire, et trop de gibets.
Ce luxe n'est pas bon. Nos pins et nos érables
Voyaient jadis, parmi leurs ombres vénérables,
Les bûcherons et non les bourreaux pénétrer ;
Nos grands chênes n'ont point l'habitude d'entrer
Dans l'exécution des lois et des sentences,
Et n'aiment pas donner tant de bois aux potences.

Nous avons le cœur gros, et nous sommes, ô roi,
Tout près de secouer la corde du beffroi ;
Ton altesse nous gêne et nous n'y tenons guère.
Roi, ce n'est pas pour voir nos compagnons de guerre
Accrochés à la fourche et devenus hideux,
Qui, morts, échevelés, quand nous passons près d'eux,
Semblent nous regarder et nous faire reproche ;
Ce n'est pas pour subir ton burg sur notre roche,
Plein de danses, de chants et de festins joyeux ;
Ce n'est pas pour avoir ces pitiés sous les yeux
Que nous venons ici, courbant nos vieilles âmes,
Te saluer, menant à nos côtés nos femmes ;
Ce n'est pas pour cela que nous humilions
Dans elles les agneaux et dans nous les lions.

Et, pour rachat du mal que tu fais, quand tu donnes
Des rentes aux moutiers, des terres aux madones,
Quand, plus chamarré d'or que le soleil le soir,
Tu vas baiser l'autel, adorer l'ostensoir,
Prier, ou quand tu fais quelque autre simagrée,
Ne te figure pas que ceci nous agrée.
Engraisser des abbés ou doter des couvents,
Cela fait-il que ceux qui sont morts soient vivants?
Roi, nous ne le pensons en aucune manière.
Roi, le chariot verse à trop creuser l'ornière;
L'appétit des rois donne aux peuples appétit;
Si tu ne changes pas d'allure, on t'avertit,
Prends garde. Et c'est cela que je voulais te dire.

— Bien parlé! dit Ratbert avec un doux sourire; »
Et, penché vers l'oreille obscure d'Afranus :
« Nous sommes peu nombreux et follement venus;
Cet homme est fort.

— Très-fort, dit le marquis Sénèque.
— Laissez-moi l'inviter à souper, » dit l'évêque.

Et c'est pourquoi l'on voit maintenant à Carpi

Un grand baron de marbre en l'église assoupi ;
C'est le tombeau d'Onfroy, ce héros d'un autre âge,
Avec son épitaphe exaltant son courage,
Sa vertu, son fier cœur plus haut que les destins,
Faite par Afranus, évêque, en vers latins.

III

LA CONFIANCE DU MARQUIS FABRICE

I

Isora de Final. — Fabrice d'Albenga.

Tout au bord de la mer de Gênes, sur un mont
Qui jadis vit passer les Francs de Pharamond,
Un enfant, un aïeul, seuls dans la citadelle
De Final sur qui veille une garde fidèle,

Vivent, bien entourés de murs et de ravins ;
Et l'enfant a cinq ans et l'aïeul quatre-vingts.

L'enfant est Isora de Final, héritière
Du fief dont Witikind a tracé la frontière ;
L'orpheline n'a plus près d'elle que l'aïeul.
L'abandon sur Final a jeté son linceul ;
L'herbe, dont, par endroits, les dalles sont couvertes,
Aux fentes des pavés fait des fenêtres vertes ;
Sur la route oubliée on n'entend plus un pas ;
Car le père et la mère, hélas ! ne s'en vont pas
Sans que la vie autour des enfants s'assombrisse.

L'aïeul est le marquis d'Albenga, ce Fabrice
Qui fut bon ; cher au pâtre, aimé du laboureur,
Il fut, pour guerroyer le pape ou l'empereur,
Commandeur de la mer et général des villes ;
Gênes le fit abbé du peuple, et, des mains viles
Ayant livré l'état aux rois, il combattit.
Tout homme auprès de lui jadis semblait petit ;
L'antique Sparte était sur son visage empreinte ;
La loyauté mettait sa cordiale étreinte
Dans la main de cet homme à bien faire obstiné.

Comme il était bâtard d'Othon, dit le Non-Né
Parce qu'on le tira, vers l'an douze cent trente,
Du ventre de sa mère Honorate expirante,
Les rois faisaient dédain de ce fils belliqueux ;
Fabrice s'en vengeait en étant plus grand qu'eux.
A vingt ans, il était blond et beau ; ce jeune homme
Avait l'air d'un tribun militaire de Rome ;
Comme pour exprimer les détours du destin
Dont le héros triomphe, un graveur florentin
Avait sur son écu sculpté le labyrinthe ;
Les femmes l'admiraient, se montrant avec crainte
La tête de lion qu'il avait dans le dos.
Il a vu les plus fiers, Requesens et Chandos,
Et Robert, avoué d'Arras, sieur de Béthune,
Fuir devant son épée et devant sa fortune ;
Les princes pâlissaient de l'entendre gronder ;
Un jour, il a forcé le pape à demander
Une fuite rapide aux galères de Gênes ;
C'était un grand briseur de lances et de chaînes,
Guerroyant volontiers, mais surtout délivrant ;
Il a par tous été proclamé le plus grand
D'un siècle fort auquel succède un siècle traître ;
Il a toujours frémi quand des bouches de prêtre
Dans les sombres clairons de la guerre ont soufflé ;
Et souvent de saint Pierre il a tordu la clé
Dans la vieille serrure horrible de l'Église.
Sa bannière cherchait la bourrasque et la bise ;
Plus d'un monstre a grincé des dents sous son talon ;

Son bras se roidissait chaque fois qu'un félon
Déformait quelque état populaire en royaume ;
Allant, venant dans l'ombre ainsi qu'un grand fantôme,
Fier, levant dans la nuit son cimier flamboyant,
Homme auguste au dedans, ferme au dehors, ayant
En lui toute la gloire et toute la patrie,
Belle âme invulnérable et cependant meurtrie,
Sauvant les lois, gardant les murs, vengeant les droits,
Et sonnant dans la nuit sous tous les coups des rois,
Cinquante ans, ce soldat, dont la tête enfin plie,
Fut l'armure de fer de la vieille Italie ;
Et ce noir siècle, à qui tout rayon semble ôté,
Garde quelque lueur encor de son côté.

II

Le défaut de la cuirasse.

Maintenant il est vieux ; son donjon, c'est son cloître ;
Il tombe, et, déclinant, sent dans son âme croître
La confiance honnête et calme des grands cœurs ;
Le brave ne croit pas au lâche, les vainqueurs

Sont forts, et le héros est ignorant du fourbe.
Ce qu'osent les tyrans, ce qu'accepte la tourbe,
Il ne le sait; il est hors de ce siècle vil;
N'en étant vu qu'à peine, à peine le voit-il;
N'ayant jamais de ruse, il n'eut jamais de crainte;
Son défaut fut toujours la crédulité sainte,
Et, quand il fut vaincu, ce fut par loyauté;
Plus de péril lui fait plus de sécurité.
Comme dans un exil il vit seul dans sa gloire;
Oublié; l'ancien peuple a gardé sa mémoire,
Mais le nouveau le perd dans l'ombre, et ce vieillard
Qui fut astre, s'éteint dans un morne brouillard.

Dans sa brume, où les feux du couchant se dispersent,
Il a cette mer vaste et ce grand ciel qui versent
Sur le bonheur la joie et sur le deuil l'ennui.

Tout est derrière lui maintenant; tout a fui;
L'ombre d'un siècle entier devant ses pas s'allonge;
Il semble des yeux suivre on ne sait quel grand songe;
Parfois, il marche et va sans entendre et sans voir.
Vieillir, sombre déclin! l'homme est triste le soir;
Il sent l'accablement de l'œuvre finissante.

On dirait par instants que son âme s'absente,
Et va savoir là-haut s'il est temps de partir.

Il n'a pas un remords et pas un repentir;
Après quatre-vingts ans son âme est toute blanche;
Parfois, à ce soldat qui s'accoude et se penche,
Quelque vieux mur, croulant lui-même, offre un appui;
Grave, il pense, et tous ceux qui sont auprès de lui
L'aiment; il faut aimer pour jeter sa racine
Dans un isolement et dans une ruine;
Et la feuille de lierre a la forme d'un cœur.

III

Aïeul maternel

Ce vieillard, c'est un chêne adorant une fleur.
A présent un enfant est toute sa famille.
Il la regarde, il rêve; il dit : « C'est une fille,

Tant mieux ! » Étant aïeul du côté maternel.
La vie en ce donjon a le pas solennel ;
L'heure passe et revient ramenant l'habitude.

Ignorant le soupçon, la peur, l'inquiétude,
Tous les matins, il boucle à ses flancs refroidis
Son épée, aujourd'hui rouillée, et qui jadis
Avait la pesanteur de la chose publique ;
Quand, parfois, du fourreau, vénérable relique,
Il arrache la lame illustre avec effort,
Calme, il y croit toujours sentir peser le sort.
Tout homme ici-bas porte en sa main une chose
Où, du bien et du mal, de l'effet, de la cause,
Du genre humain, de Dieu, du gouffre, il sent le poids ;
Le juge au front morose à son livre des lois,
Le roi son sceptre d'or, le fossoyeur sa pelle.

Tous les soirs, il conduit l'enfant à la chapelle ;
L'enfant prie et regarde avec ses yeux si beaux,
Gaie, et questionnant l'aïeul sur les tombeaux ;
Et Fabrice a dans l'œil une humide étincelle.
La main qui tremble aidant la marche qui chancelle,
Ils vont sous les portails et le long des piliers
Peuplés de séraphins mêlés aux chevaliers ;

Chaque statue, émue à leur pas doux et sombre,
Vibre, et toutes ont l'air de saluer dans l'ombre,
Les héros le vieillard, et les anges l'enfant.

Parfois Isoretta, que sa grâce défend,
S'échappe dès l'aurore et s'en va jouer seule
Dans quelque grande tour qui lui semble une aïeule,
Et qui mêle, croulante au milieu des buissons,
La légende romane aux souvenirs saxons.
Pauvre être qui contient toute une fière race,
Elle trouble, en passant, le bouc, vieillard vorace,
Dans les fentes des murs broutant le câprier ;
Pendant que derrière elle on voit l'aïeul prier,
— Car il ne tarde pas à venir la rejoindre,
Et cherche son enfant dès qu'il voit l'aube poindre,—
Elle court, va, revient, met sa robe en haillons,
Erre de tombe en tombe et suit des papillons,
Ou s'assied, l'air pensif, sur quelque âpre architrave;
Et la tour semble heureuse et l'enfant paraît grave ;
La ruine et l'enfance ont de secrets accords,
Car le temps sombre y met ce qui reste des morts.

IV

Un seul homme sait où est caché le trésor

Dans ce siècle où tout peuple a son chef qui le broie,
Parmi les rois vautours et les princes de proie,
Certe, on n'en trouverait pas un qui méprisât
Final, donjon splendide et riche marquisat ;
Tous les ans, les alleux, les rentes, les censives,
Surchargent vingt mulets de sacoches massives ;
La grande tour surveille au milieu du ciel bleu,
Le sud, le nord, l'ouest et l'est, et saint Mathieu,
Saint Marc, saint Luc, saint Jean, les quatre évangélistes,
Sont sculptés et dorés sur les quatre balistes ;
La montagne a pour garde, en outre, deux châteaux,
Soldats de pierre ayant du fer sous leurs manteaux.
Le trésor, quand du coffre on détache les boucles,
Semble à qui l'entrevoit un rêve d'escarboucles ;

Ce trésor est muré dans un caveau discret
Dont le marquis régnant garde seul le secret,
Et qui fut autrefois le puits d'une sachette;
Fabrice maintenant connaît seul la cachette;
Le fils de Witikind vieilli dans les combats,
Othon, scella jadis dans les chambres d'en bas
Vingt caissons dont le fer verrouille les façades,
Et qu'Anselme, plus tard, fit remplir de cruzades
Pour que, dans l'avenir, jamais on n'en manquât;
Le casque des marquis est en or de ducat;
On a sculpté deux rois persans, Narse et Tigrane,
Dans la visière aux trous grillés de filigrane,
Et sur le haut cimier, taillé d'un seul onyx,
Un brasier de rubis brûle l'oiseau Phénix;
Et le seul diamant du sceptre pèse une once.

V

Le corbeau

Un matin, les portiers sonnent du cor. Un nonce
Se présente ; il apporte, assisté d'un coureur,
Une lettre du roi qu'on nomme l'empereur ;
Ratbert écrit qu'avant de partir pour Tarente,
Il viendra visiter Isora, sa parente,
Pour lui baiser le front et pour lui faire honneur.

Le nonce, s'inclinant, dit au marquis : « Seigneur,
Sa majesté ne fait de visites qu'aux reines. »

Au message émané de ses mains très-sereines

L'empereur joint un don splendide et triomphant ;
C'est un grand chariot plein de jouets d'enfant ;
Isora bat des mains avec des cris de joie.

Le nonce, retournant vers celui qui l'envoie,
Prend congé de l'enfant, et, comme procureur
Du très-victorieux et très-noble empereur,
Fait le salut qu'on fait aux têtes souveraines.

« Qu'il soit le bienvenu ! Bas le pont ! bas les chaînes !
Dit le marquis ; sonnez, la trompe et l'olifant ! »
Et, fier de voir qu'on traite en reine son enfant,
La joie a rayonné sur sa face loyale.

Or, comme il relisait la lettre impériale,
Un corbeau qui passait fit de l'ombre dessus.
« Les oiseaux noirs guidaient Judas cherchant Jésus ;
Sire, vois ce corbeau, » dit une sentinelle.
Et, regardant l'oiseau planer sur la tournelle :
« Bah ! dit l'aïeul, j'étais pas plus haut que cela,
Compagnon, que déjà ce corbeau que voilà,
Dans la plus fière tour de toute la contrée

Avait bâti son nid, dont on voyait l'entrée ;
Je le connais ; le soir, volant dans la vapeur,
Il criait ; tous tremblaient ; mais, loin d'en avoir peur,
Moi petit, je l'aimais, ce corbeau centenaire
Étant un vieux voisin de l'astre et du tonnerre. »

VI

Le père et la mère

Les marquis de Final ont leur royal tombeau
Dans une cave où luit, jour et nuit, un flambeau ;
Le soir, l'homme qui met de l'huile dans les lampes
A son heure ordinaire en descendit les rampes ;
Là, mangé par les vers dans l'ombre de la mort,
Chaque marquis auprès de sa marquise dort,
Sans voir cette clarté qu'un vieil esclave apporte.
A l'endroit même où pend la lampe, sous la porte,
Était le monument des deux derniers défunts ;
Pour raviver la flamme et brûler des parfums,

Le serf s'en approcha; sur la funèbre table,
Sculpté très-ressemblant, le couple lamentable
Dont Isora, sa dame, était l'unique enfant,
Apparaissait; tous deux, dans cet air étouffant,
Silencieux, couchés côte à côte, statues
Aux mains jointes, d'habits seigneuriaux vêtues,
L'homme avec son lion, la femme avec son chien.
Il vit que le flambeau nocturne brûlait bien;
Puis, courbé, regarda, des pleurs dans la paupière,
Ce père de granit, cette mère de pierre;
Alors il recula, pâle; car il crut voir
Que ces deux fronts, tournés vers la voûte au fond noir,
S'étaient subitement assombris sur leur couche,
Elle ayant l'air plus triste et lui l'air plus farouche.

VII

Joie au château

Une file de longs et pesants chariots
Qui précède ou qui suit les camps impériaux,
Marche là-bas avec des éclats de trompette
Et des cris que l'écho des montagnes répète ;
Un gros de lances brille à l'horizon lointain.

La cloche de Final tinte, et c'est ce matin
Que du noble empereur on attend la visite.

On arrache des tours la ronce parasite ;

On blanchit à la chaux en hâte les grands murs;
On range dans la cour des plateaux de fruits mûrs,
Des grenades venant des vieux monts Alpujarres,
Le vin dans les barils et l'huile dans les jarres;
L'herbe et la sauge en fleur jonchent tout l'escalier;
Dans la cuisine un feu rôtit un sanglier;
On voit fumer les peaux des bêtes qu'on écorche;
Et tout rit; et l'on a tendu sous le grand porche
Une tapisserie où Blanche d'Est, jadis,
A brodé trois héros, Macchabée, Amadis,
Achille; et le fanal de Rhode, et le quadrige
D'Aétius, vainqueur du peuple latobrige;
Et, dans trois médaillons marqués d'un chiffre en or,
Trois poëtes, Platon, Plaute et Scœva Memor.
Ce tapis autrefois ornait la grande chambre;
Au dire des vieillards, l'effrayant roi sicambre,
Witikind, l'avait fait clouer en cet endroit
De peur que dans leur lit ses enfants n'eussent froid.

VIII

La toilette d'Isora

Cris, chansons; et voilà ces vieilles tours vivantes.
La chambre d'Isora se remplit de servantes;
Pour faire un digne accueil au roi d'Arle, on revêt
L'enfant de ses habits de fête; à son chevet,
L'aïeul, dans un fauteuil d'orme incrusté d'érable,
S'assied, songeant aux jours passés, et, vénérable,
Il contemple Isora : front joyeux, cheveux d'or,
Comme les chérubins peints dans le corridor,
Regard d'enfant Jésus que porte la madone,
Joue ignorante où dort le seul baiser qui donne
Aux lèvres la fraîcheur, tous les autres étant
Des flammes, même, hélas! quand le cœur est content.
Isore est sur le lit assise, jambes nues;
Son œil bleu rêve avec des lueurs ingénues;

L'aïeul rit, doux reflet de l'aube sur le soir !
Et le sein de l'enfant, demi-nu, laisse voir
Ce bouton rose, germe auguste des mamelles ;
Et ses beaux petits bras ont des mouvements d'ailes.
Le vétéran lui prend les mains, les réchauffant ;
Et, dans tout ce qu'il dit aux femmes, à l'enfant,
Sans ordre, en en laissant deviner davantage,
Espèce de murmure enfantin du grand âge,
Il semble qu'on entend parler toutes les voix
De la vie, heur, malheur, à présent, autrefois,
Deuil, espoir, souvenir, rire et pleurs, joie et peine ;
Ainsi tous les oiseaux chantent dans le grand chêne.

« Fais-toi belle ; un seigneur va venir ; il est bon ;
C'est l'empereur ; un roi ; ce n'est pas un barbon
Comme nous ; il est jeune ; il est roi d'Arle, en France ;
Vois-tu, tu lui feras ta belle révérence,
Et tu n'oublieras pas de dire : monseigneur.
Vois tous les beaux cadeaux qu'il nous fait ! Quel bonheur !
Tous nos bons paysans viendront, parce qu'on t'aime ;
Et tu leur jetteras des sequins d'or, toi-même,
De façon que cela tombe dans leur bonnet. »

Et le marquis, parlant aux femmes, leur prenait

Les vêtements des mains :

      « Laissez, que je l'habille!
Oh! quand sa mère était toute petite fille,
Et que j'étais déjà barbe grise, elle avait
Coutume de venir dès l'aube à mon chevet;
Parfois, elle voulait m'attacher mon épée,
Et, de la dureté d'une boucle occupée,
Ou se piquant les doigts aux clous du ceinturon,
Elle riait. C'était le temps où mon clairon
Sonnait superbement à travers l'Italie.
Ma fille est maintenant sous terre, et nous oublie.
D'où vient qu'elle a quitté sa tâche, ô dure loi!
Et qu'elle dort déjà quand je veille encor, moi?
La fille qui grandit sans la mère, chancelle.
Oh! c'est triste, et je hais la mort. Pourquoi prend-elle
Cette jeune épousée et non mes pas tremblants?
Pourquoi ces cheveux noirs et non mes cheveux blancs? »

Et, pleurant, il offrait à l'enfant des dragées.

« Les choses ne sont pas ainsi bien arrangées;

Celui qui fait le choix se trompe ; il serait mieux
Que l'enfant eût la mère et la tombe le vieux.
Mais de la mère au moins il sied qu'on se souvienne ;
Et, puisqu'elle a ma place, hélas ! je prends la sienne.

Vois donc le beau soleil et les fleurs dans les prés !
C'est par un jour pareil, les Grecs étant rentrés
Dans Smyrne, le plus grand de leurs ports maritimes,
Que, le bailli de Rhode et moi, nous les battîmes.
Mais regarde-moi donc tous ces beaux jouets-là !
Vois ce reître, on dirait un archer d'Attila.
Mais c'est qu'il est vêtu de soie et non de serge !
Et le chapeau d'argent de cette sainte Vierge !
Et ce bonhomme en or ! Ce n'est pas très-hideux.
Mais comme nous allons jouer demain tous deux !
Si ta mère était là, qu'elle serait contente !
Ah ! quand on est enfant, ce qui plaît, ce qui tente,
C'est un hochet qui sonne un moment dans la main,
Peu de chose le soir et rien le lendemain ;
Plus tard, on a le goût des soldats véritables,
Des palefrois battant du pied dans les étables,
Des drapeaux, des buccins jetant de longs éclats,
Des camps, et c'est toujours la même chose, hélas !
Sinon qu'alors on a du sang à ses chimères.
Tout est vain. C'est égal, je plains les pauvres mères

Qui laissent leurs enfants derrière elles ainsi. »

Ainsi parlait l'aïeul, l'œil de pleurs obscurci,
Souriant cependant, car telle est l'ombre humaine.
Tout à l'ajustement de son ange de reine,
Il habillait l'enfant, et, tandis qu'à genoux
Les servantes chaussaient ces pieds charmants et doux,
Et, les parfumant d'ambre, en lavaient la poussière,
Il nouait gauchement la petite brassière,
Ayant plus d'habitude aux chemises d'acier.

IX

Joie hors du château

Le soir vient, le soleil descend dans son brasier ;
Et voilà qu'au-penchant des mers, sur les collines,
Partout, les milans roux, les chouettes félines,
L'autour glouton, l'orfraie horrible dont l'œil luit
Avec du sang, le jour, qui devient feu, la nuit,
Tous les tristes oiseaux mangeurs de chair humaine,
Fils de ces vieux vautours, nés de l'aigle romaine,
Que la louve d'airain aux cirques appela,
Qui suivaient Marius et connaissaient Sylla,
S'assemblent ; et les uns, laissant un crâne chauve,
Les autres, aux gibets essuyant leur bec fauve,
D'autres, d'un mât rompu quittant les noirs agrès,
D'autres, prenant leur vol du mur des lazarets,

Tous, joyeux et criant, en tumulte et sans nombre,
Ils se montrent Final, la grande cime sombre
Qu'Othon, fils d'Aleram le Saxon, crénela,
Et se disent entre eux : Un empereur est là !

X

Suite de la joie

Cloche ; acclamations ; gémissements ; fanfares ;
Feux de joie ; et les tours semblent toutes des phares,
Tant on a, pour fêter ce jour grand à jamais,
De brasiers frissonnants encombré leurs sommets !
La table colossale en plein air est dressée ;
Ce qu'on a sous les yeux répugne à la pensée
Et fait peur ; c'est la joie effrayante du mal ;
C'est plus que le démon, c'est moins que l'animal ;
C'est la cour du donjon tout entière rougie,
D'une prodigieuse et ténébreuse orgie ;

C'est Final, mais Final vaincu, tombé, flétri ;
C'est un chant dans lequel semble se tordre un cri ;
Un gouffre où les lueurs de l'enfer sont voisines
Du rayonnement calme et joyeux des cuisines ;
Le triomphe de l'ombre, obscène, effronté, cru ;
Le souper de Satan dans un rêve apparu.

A l'angle de la cour, ainsi qu'un témoin sombre,
Un squelette de tour, formidable décombre,
Sur son faîte vermeil d'où s'enfuit le corbeau,
Dresse et secoue aux vents, brûlant comme un flambeau,
Tout le branchage et tout le feuillage d'un orme ;
Valet géant portant un chandelier énorme.

Le drapeau de l'empire, arboré sur ce bruit,
Gonfle son aigle immense au souffle de la nuit.

Tout un cortége étrange est là ; femmes et prêtres ;
Prélats parmi les ducs, moines parmi les reîtres ;
Les crosses et les croix d'évêques, au milieu
Des piques et des dards, mêlent aux meurtres Dieu,
Les mitres figurant de plus gros fers de lance.
Un tourbillon d'horreur, de nuit, de violence,
Semble emplir tous ces cœurs ; que disent-ils entre eux,
Ces hommes ? En voyant ces convives affreux,

On doute si l'aspect humain est véritable ;
Un sein charmant se dresse au-dessus de la table,
On redoute au-dessous quelque corps tortueux ;
C'est un de ces banquets du monde monstrueux
Qui règne et vit depuis les Héliogabales ;
Le luth lascif s'accouple aux féroces cymbales ;
Le cynique baiser cherche à se prodiguer ;
Il semble qu'on pourrait à peine distinguer
De ces hommes les loups, les chiennes de ces femmes ;
A travers l'ombre, on voit toutes les soifs infâmes,
Le désir, l'instinct vil, l'ivresse aux cris hagards,
Flamboyer dans l'étoile horrible des regards.

Quelque chose de rouge entre les dalles fume ;
Mais, si tiède que soit cette douteuse écume,
Assez de barils sont éventrés et crevés
Pour que ce soit du vin qui court sur les pavés.

Est-ce une vaste noce? est-ce un deuil morne et triste?
On ne sait pas à quel dénoûment on assiste,
Si c'est quelque affreux monde à la terre étranger ;
Si l'on voit des vivants ou des larves manger ;

LA LÉGENDE DES SIÈCLES.

Et si ce qui dans l'ombre indistincte surnage
Est la fin d'un festin ou la fin d'un carnage.

Par moments le tambour, le cistre, le clairon,
Font ces rages de bruit qui rendaient fou Néron.
Ce tumulte rugit, chante, boit, mange, râle.
Sur un trône est assis Ratbert, content et pâle.

C'est, parmi le butin, les chants, les arcs de fleurs,
Dans un antre de rois un Louvre de voleurs.

Presque nue au milieu des montagnes de roses,
Comme les déités dans les apothéoses,
Altière, recevant vaguement les saluts,
Marquant avec ses doigts la mesure des luths,
Ayant dans le gala les langueurs de l'alcôve,
Près du maître sourit Matha, la blonde fauve;
Et sous la table, heureux, du genou la pressant,
Le roi cherche son pied dans les mares de sang.

Les grands brasiers, ouvrant leur gouffre d'étincelles,
Font resplendir les ors d'un chaos de vaisselles;
On ébrèche aux moutons, aux lièvres montagnards,
Aux faisans, les couteaux tout à l'heure poignards;

Sixte Malaspina, derrière le roi, songe;
Toute lèvre se rue à l'ivresse et s'y plonge;
On achève un mourant en perçant un tonneau;
L'œil croit, parmi les os de chevreuil et d'agneau,
Aux tremblantes clartés que les flambeaux prolongent,
Voir des profils humains dans ce que les chiens rongent;
Des chanteurs grecs, portant des images d'étain
Sur leurs chapes, selon l'usage byzantin,
Chantent Ratbert, césar, roi, vainqueur, dieu, génie;
On entend sous les bancs des soupirs d'agonie;
Une odeur de tuerie et de cadavres frais
Se mêle au vague encens brûlant dans les coffrets
Et les boîtes d'argent sur des trépieds de nacre;
Les pages, les valets, encor chauds du massacre,
Servent dans le banquet leur empereur, ravi
Et sombre, après l'avoir dans le meurtre servi;
Sur le bord des plats d'or on voit des mains sanglantes;
Ratbert s'accoude avec des poses indolentes;
Au-dessus du festin, dans le ciel blanc du soir,
De partout, des hanaps, du buffet, du dressoir,
Des plateaux où les paons ouvrent leurs larges queues,
Des écuelles où brûle un philtre aux lueurs bleues,
Des verres, d'hypocras et de vin écumants,
Des bouches des buveurs, des bouches des amants,
S'élève une vapeur, gaie, ardente, enflammée,
Et les âmes des morts sont dans cette fumée.

XI

Toutes les faims satisfaites.

C'est que les noirs oiseaux de l'ombre ont eu raison,
C'est que l'orfraie a bien flairé la trahison,
C'est qu'un fourbe a surpris le vaillant sans défense,
C'est qu'on vient d'écraser la vieillesse et l'enfance.
En vain quelques soldats fidèles ont voulu
Résister à l'abri d'un créneau vermoulu;
Tous sont morts; et de sang les dalles sont trempées;
Et la hache, l'estoc, les masses, les épées,
N'ont fait grâce à pas un, sur l'ordre que donna
Le roi d'Arle au prévôt Sixte Malaspina.
Et, quant aux plus mutins, c'est ainsi que les nomme
L'aventurier royal fait empereur par Rome,

Trente sur les crochets et douze sur le pal
Expirent au-dessus du porche principal.

Tandis qu'en joyeux chants les vainqueurs se répandent,
Auprès de ces poteaux et de ces croix où pendent
Ceux que Malaspina vient de supplicier,
Corbeaux, hiboux, milans, tout l'essaim carnassier,
Venus des monts, des bois, des cavernes, des havres,
S'abattent par volée et font sur les cadavres
Un banquet, moins hideux que celui d'à côté.

Ah! le vautour est triste à voir, en vérité,
Déchiquetant sa proie et planant; on s'effraie
Du cri de la fauvette aux griffes de l'orfraie;
L'épervier est affreux rongeant des os brisés;
Pourtant, par l'ombre immense on les sent excusés,
L'impénétrable faim est la loi de la terre,
Et le ciel, qui connaît la grande énigme austère,
La nuit, qui sert de fond au guet mystérieux
Du hibou promenant la rondeur de ses yeux
Ainsi qu'à l'araignée ouvrant ses pâles toiles,
Met à ce festin sombre une nappe d'étoiles;
Mais l'être intelligent, le fils d'Adam, l'élu
Qui doit trouver le bien après l'avoir voulu,

L'homme, exterminant l'homme et riant, épouvante
Même au fond de la nuit, l'immensité vivante,
Et, que le ciel soit noir ou que le ciel soit bleu,
Caïn tuant Abel est la stupeur de Dieu.

XII

Que c'est Fabrice qui est un traître.

Un homme qu'un piquet de lansquenets escorte,
Qui tient une bannière inclinée, et qui porte
Une jacque de vair taillée en éventail,
Un héraut, fait ce cri devant le grand portail :

« Au nom de l'empereur clément et plein de gloire,
— Dieu le protége ! — peuple ! il est pour tous notoire
Que le traître marquis Fabrice d'Albenga
Jadis avec les gens des villes se ligua,
Et qu'il a maintes fois guerroyé le saint-siége ;
C'est pourquoi l'empereur très-clément — Dieu protége

L'empereur ! — le citant à son haut tribunal,
A pris possession de l'état de Final. »

L'homme ajoute, dressant sa bannière penchée :
« Qui me contredira soit sa tête tranchée,
Et ses biens confisqués à l'empereur. J'ai dit. »

XIII

Silence.

Tout à coup on se tait ; ce silence grandit,
Et l'on dirait qu'au choc brusque d'un vent qui tombe,
Cet enfer a repris sa figure de tombe ;
Ce pandémonium, ivre d'ombre et d'orgueil,
S'éteint ; c'est qu'un vieillard a paru sur le seuil ;
Un prisonnier, un juge, un fantôme ; l'ancêtre !

C'est Fabrice.

On l'amène à la merci du maître.
Ses blêmes cheveux blancs couronnent sa pâleur;
Il a les bras liés au dos comme un voleur;
Et, pareil au milan qui suit des yeux sa proie,
Derrière le captif, marche, sans qu'il le voie,
Un homme qui tient haute une épée à deux mains.

Matha, fixant sur lui ses beaux yeux inhumains,
Rit sans savoir pourquoi, rire étant son caprice.
Dix valets de la lance environnent Fabrice.
Le roi dit : « Le trésor est caché dans un lieu
Qu'ici tu connais seul, et je jure par Dieu
Que, si tu dis l'endroit, marquis, ta vie est sauve. »

Fabrice lentement lève sa tête chauve
Et se tait.

Le roi dit : « Es-tu sourd, compagnon ? »

Un reître avec le doigt fait signe au roi que non.

« — Marquis, parle! ou sinon, vrai comme je me nomme
Empereur des Romains, roi d'Arle et gentilhomme,
Lion, tu vas japper ainsi qu'un épagneul.
Ici, bourreaux ! — Réponds, le trésor ? »

         Et l'aïeul
Semble, droit et glacé parmi les fers de lance,
Avoir déjà pris place en l'éternel silence.

Le roi dit : « Préparez les coins et les crampons.
Pour la troisième fois, parleras-tu ? Réponds. »

Fabrice, sans qu'un mot d'entre ses lèvres sorte,
Regarde le roi d'Arle et d'une telle sorte,
Avec un si superbe éclair, qu'il l'interdit ;
Et Ratbert, furieux sous ce regard, bondit
Et crie, en s'arrachant le poil de la moustache :
« Je te trouve idiot et mal en point, et sache
Que les jouets d'enfant étaient pour toi, vieillard !
Çà, rends-moi ce trésor, fruit de tes vols, pillard !
Et ne m'irrite pas, ou ce sera ta faute,
Et je vais envoyer sur ta tour la plus haute
Ta tête au bout d'un pieu se taire dans la nuit.

Mais l'aïeul semble d'ombre et de pierre construit ;
On dirait qu'il ne sait pas même qu'on lui parle.

« Le brodequin ! à toi, bourreau ! » dit le roi d'Arle.

Le bourreau vient, la foule effarée écoutait.

On entend l'os crier, mais la bouche se tait.

Toujours prêt à frapper le prisonnier en traître,
Le coupe-tête jette un coup d'œil à son maître.

« Attends que je te fasse un signe, » dit Ratbert.
Et, reprenant :

    « Voyons, toi chevalier haubert,
Mais cadet, toi marquis, mais bâtard, si tu donnes
Ces quelques diamants de plus à mes couronnes,

Si tu veux me livrer ce trésor, je te fais
Prince, et j'ai dans mes ports dix galères de Fez
Dont je te fais présent avec cinq cents esclaves. »

Le vieillard semble sourd et muet.

« Tu me braves !
Eh bien, tu vas pleurer, » dit le fauve empereur.

XIV

Ratbert rend l'enfant à l'aïeul.

Et voici qu'on entend comme un souffle d'horreur
Frémir, même en cette ombre et même en cette horde.
Une civière passe, il y pend une corde;

Un linceul la recouvre; on la pose à l'écart;
On voit deux pieds d'enfant qui sortent du brancard.
Fabrice, comme au vent se renverse un grand arbre,
Tremble, et l'homme de chair sous cet homme de marbre
Reparaît; et Ratbert fait lever le drap noir.

C'est elle! Isora! pâle, inexprimable à voir,
Étranglée, et sa main crispée, et cela navre,
Tient encore un hochet; pauvre petit cadavre!

L'aïeul tressaille avec la force d'un géant;
Formidable, il arrache au brodequin béant
Son pied dont le bourreau vient de briser le pouce;
Les bras toujours liés, de l'épaule il repousse
Tout ce tas de démons, et va jusqu'à l'enfant,
Et sur ses deux genoux tombe, et son cœur se fend.
Il crie en se roulant sur la petite morte :

« Tuée! ils l'ont tuée! et la place était forte,
Le pont avait sa chaîne et la herse ses poids,
On avait des fourneaux pour le soufre et la poix,
On pouvait mordre avec ses dents le roc farouche,

Se défendre, hurler, lutter, s'emplir la bouche
De feu, de plomb fondu, d'huile, et les leur cracher
A la figure avec les éclats du rocher !
Non ! on a dit : « Entrez ! » et, par la porte ouverte,
Ils sont entrés ! la vie à la mort s'est offerte !
On a livré la place, on n'a point combattu !
Voilà la chose ; elle est toute simple ; ils n'ont eu
Affaire qu'à ce vieux misérable imbécile !
Égorger un enfant, ce n'est pas difficile.
Tout à l'heure, j'étais tranquille, ayant peu vu
Qu'on tuât des enfants, et je disais : « Pourvu
» Qu'Isora vive, eh bien, après cela, qu'importe ! »
Mais l'enfant ! O mon Dieu ! c'est donc vrai qu'elle est morte !
Penser que nous étions là tous deux hier encor !
Elle allait et venait dans un gai rayon d'or ;
Cela jouait toujours, pauvre mouche éphémère !
C'était la petite âme errante de sa mère !
Le soir, elle posait son doux front sur mon sein,
Et dormait... — Ah ! brigand ! assassin ! assassin ! »

Il se dressait, et tout tremblait dans le repaire,
Tant c'était la douleur d'un lion et d'un père,
Le deuil, l'horreur, et tant ce sanglot rugissait !

« Et moi qui, ce matin, lui nouais son corset !
Je disais : « Fais-toi belle, enfant ! » Je parais l'ange
Pour le spectre ! — Oh ! ris donc là-bas, femme de fange !
Riez tous ! Idiot, en effet, moi qui crois
Qu'on peut se confier aux paroles des rois
Et qu'un hôte n'est pas une bête féroce !
Le roi, les chevaliers, l'évêque avec sa crosse,
Ils sont venus, j'ai dit : « Entrez ; » c'étaient des loups !
Est-ce qu'ils ont marché sur elle avec des clous
Qu'elle est toute meurtrie ? Est-ce qu'ils l'ont battue ?
Et voilà maintenant nos filles qu'on nous tue
Pour voler un vieux casque en vieil or de ducat !
Je voudrais que quelqu'un d'honnête m'expliquât
Cet événement-ci, voilà ma fille morte !
Dire qu'un empereur vient avec une escorte,
Et que des gens nommés Farnèse, Spinola,
Malaspina, Cibo, font de ces choses-là,
Et qu'on se met à cent, à mille, avec ce prêtre,
Ces femmes, pour venir prendre un enfant en traître,
Et que l'enfant est là, mort, et que c'est un jeu ;
C'est à se demander s'il est encore un Dieu,
Et si, demain, après de si lâches désastres,
Quelqu'un osera faire encor lever les astres !
M'avoir assassiné ce petit être-là !
Mais c'est affreux d'avoir à se mettre cela
Dans la tête, que c'est fini, qu'ils l'ont tuée,
Qu'elle est morte ! — Oh ! ce fils de la prostituée,
Ce Ratbert, comme il m'a hideusement trompé !

O Dieu! de quel démon est cet homme échappé?
Vraiment! est-ce donc trop espérer que de croire
Qu'on ne va point, par ruse et par trahison noire,
Massacrer des enfants, broyer des orphelins,
Des anges, de clarté céleste encor tout pleins!
Mais c'est qu'elle est là morte, immobile, insensible!
Je n'aurais jamais cru que cela fût possible.
Il faut être le fils de cette infâme Agnès!
Rois! j'avais tort jadis quand je vous épargnais,
Quand, pouvant vous briser au front le diadème,
Je vous lâchais, j'étais un scélérat moi-même,
J'étais un meurtrier d'avoir pitié de vous!
Oui, j'aurais dû vous tordre entre mes serres, tous!
Est-ce qu'il est permis d'aller dans les abîmes
Reculer la limite effroyable des crimes,
De voler, oui, ce sont des vols, de faire un tas
D'abominations, de maux et d'attentats,
De tuer des enfants et de tuer des femmes,
Sous prétexte qu'on fut, parmi les oriflammes
Et les clairons, sacré devant le monde entier
Par Urbain Quatre, pape et fils d'un savetier!
Que voulez-vous qu'on fasse à de tels misérables!
Avoir mis son doigt noir sur ces yeux adorables!
Ce chef-d'œuvre du Dieu vivant, l'avoir détruit!
Quelle mamelle d'ombre et d'horreur et de nuit,
Dieu juste, a donc été de ce monstre nourrice?
Un tel homme suffit pour qu'un siècle pourrisse.
Plus de bien ni de mal, plus de droit, plus de lois.

Est-ce que le tonnerre est absent quelquefois?
Est-ce qu'il n'est pas temps que la foudre se prouve,
Cieux profonds, en broyant ce chien, fils de la louve?
Oh! sois maudit, maudit, maudit, et sois maudit,
Ratbert, empereur, roi, césar, escroc, bandit!
O grand vainqueur d'enfants de cinq ans! maudits soient
Les pas que font tes pieds, les jours que tes yeux voient,
Et la gueuse qui t'offre en riant son sein nu,
Et ta mère publique, et ton père inconnu!
Terre et cieux! c'est pourtant bien le moins qu'un doux être
Qui joue à notre porte et sous notre fenêtre,
Qui ne fait rien que rire et courir dans les fleurs,
Et qu'emplit de soleil nos pauvres yeux en pleurs,
Ait le droit de jouir de l'aube qui l'enivre,
Puisque les empereurs laissent les forçats vivre,
Et puisque Dieu, témoin des deuils et des horreurs,
Laisse sous le ciel noir vivre les empereurs! »

XV

Les deux têtes

Ratbert, en ce moment, distrait jusqu'à sourire,
Écoutait Afranus à voix basse lui dire :
« Majesté, le caveau du trésor est trouvé. »

L'aïeul pleurait.

        « Un chien, au coin des murs crevé,
Est un être enviable auprès de moi. Va, pille,
Vole, égorge, empereur! O ma petite fille,
Parle-moi! Rendez-moi mon doux ange, ô mon Dieu!
Elle ne va donc pas me regarder un peu?

Mon enfant! tous les jours nous allions dans les lierres.
Tu disais : « Vois les fleurs, » et moi : « Prends garde aux pierres. »
Et je la regardais, et je crois qu'un rocher
Se fût attendri rien qu'en la voyant marcher.
Hélas! avoir eu foi dans ce monstrueux drôle!
Mets ta tête adorée auprès de mon épaule.
Est-ce que tu m'en veux? C'est moi qui suis là! Dis,
Tu n'ouvriras donc plus tes yeux du paradis!
Je n'entendrai donc plus ta voix, pauvre petite!
Tout ce qui me tenait aux entrailles me quitte;
Et ce sera mon sort, à moi, le vieux vainqueur,
Qu'à deux reprises Dieu m'ait arraché le cœur,
Et qu'il ait retiré de ma poitrine amère
L'enfant, après m'avoir ôté du flanc la mère!
Mon Dieu, pourquoi m'avoir pris cet être si doux?
Je n'étais pourtant pas révolté contre vous,
Et je consentais presque à ne plus avoir qu'elle.
Morte! et moi, je suis là, stupide, qui l'appelle!
Oh! si je n'avais pas les bras liés, je crois
Que je réchaufferais ses pauvres membres froids;
Comme ils l'ont fait souffrir! La corde l'a coupée.
Elle saigne. »

Ratbert, blême et la main crispée,
Le voyant à genoux sur son ange dormant,
Dit : « Porte-glaive, il est ainsi commodément. »

Le porte-glaive fit, n'étant qu'un misérable,
Tomber sur l'enfant mort la tête vénérable.

Et voici ce qu'on vit dans ce même instant-là :
La tête de Ratbert sur le pavé roula,
Hideuse, comme si le même coup d'épée,
Frappant deux fois, l'avait avec l'autre coupée.

L'horreur fut inouïe; et, tous se retournant,
Sur le grand fauteuil d'or du trône rayonnant
Aperçurent le corps de l'empereur sans tête,
Et son cou d'où sortait, dans un bruit de tempête,
Un flot rouge, un sanglot de pourpre, éclaboussant
Les convives, le trône et la table, de sang.

Alors, dans la clarté d'abîme et de vertige
Qui marque le passage énorme d'un prodige,
Des deux têtes on vit l'une, celle du roi,
Entrer sous terre et fuir dans le gouffre d'effroi
Dont l'expiation formidable est la règle,
Et l'autre s'envoler avec des ailes d'aigle.

XVI

Après justice faite

L'ombre couvre à présent Ratbert, l'homme de nuit.
Nos pères — c'est ainsi qu'un nom s'évanouit —
Défendaient d'en parler, et du mur de l'histoire
Les ans ont effacé cette vision noire.

Le glaive qui frappa ne fut point aperçu ;
D'où vint ce sombre coup, personne ne l'a su ;
Seulement, ce soir-là, bêchant pour se distraire,
Héraclius le Chauve, abbé de Joug-Dieu, frère

D'Acceptus, archevêque et primat de Lyon,
Étant aux champs avec le diacre Pollion,
Vit, dans les profondeurs par les vents remuées,
Un archange essuyer son épée aux nuées.

VIII

SEIZIÈME SIÈCLE.—RENAISSANCE

PAGANISME

LE SATYRE

Prologue

LE SATYRE

Un satyre habitait l'Olympe, retiré
Dans le grand bois sauvage au pied du mont sacré ;
Il vivait là, chassant, rêvant, parmi les branches ;
Nuit et jour, poursuivant les vagues formes blanches,

Il tenait à l'affût les douze ou quinze sens
Qu'un faune peut braquer sur les plaisirs passants.
Qu'était-ce que ce faune? On l'ignorait; et Flore
Ne le connaissait point, ni Vesper, ni l'Aurore
Qui sait tout, surprenant le regard du réveil;
On avait beau parler à l'églantier vermeil,
Interroger le nid, questionner le souffle,
Personne ne savait le nom de ce maroufle.
Les sorciers dénombraient presque tous les sylvains;
Les ægipans étant fameux comme les vins,
En voyant la colline on nommait le satyre;
On connaissait Stulcas, faune de Pallantyre,
Gès, qui, le soir, riait sur le Ménale assis,
Bos, l'ægipan de Crète; on entendait Chrysis,
Sylvain du Ptyx que l'homme appelle Janicule,
Qui jouait de la flûte au fond du crépuscule;
Anthrops, faune du Pinde, était cité partout;
Celui-ci, nulle part; les uns le disaient loup;
D'autres le disaient dieu, prétendant s'y connaître;
Mais, en tout cas, qu'il fût tout ce qu'il pouvait être,
C'était un garnement de dieu fort mal famé.

Tout craignait ce sylvain à toute heure allumé;
La bacchante elle-même en tremblait; les napées
S'allaient blottir aux trous des roches escarpées;

LE SATYRE.

Écho barricadait son antre trop peu sûr ;
Pour ce songeur velu, fait de fange et d'azur,
L'andryade en sa grotte était dans une alcôve ;
De la forêt profonde il était l'amant fauve ;
Sournois, pour se jeter sur elle, il profitait
Du moment où la nymphe, à l'heure où tout se tait,
Éclatante, apparaît dans le miroir des sources ;
Il arrêtait Lycère et Chloé dans leurs courses :
Il guettait, dans les lacs qu'ombrage le bouleau,
La naïade qu'on voit radieuse sous l'eau
Comme une étoile ayant la forme d'une femme ;
Son œil lascif errait la nuit comme une flamme ;
Il pillait les appas splendides de l'été ;
Il adorait la fleur, cette naïveté ;
Il couvait d'une tendre et vaste convoitise
Le muguet, le troëne embaumé, le cytise,
Et ne s'endormait pas même avec le pavot ;
Ce libertin était à la rose dévot ;
Il était fort infâme au mois de mai ; cet être
Traitait, regardant tout comme par la fenêtre,
Flore de mijaurée et Zéphir de marmot ;
Si l'eau murmurait : « J'aime ! » il la prenait au mot,
Et saisissait l'Ondée en fuite sous les herbes ;
Ivre de leurs parfums, vautré parmi leurs gerbes,
Il faisait une telle orgie avec les lys,
Les myrtes, les sorbiers de ses baisers pâlis,
Et de telles amours, que, témoin du désordre,
Le chardon, ce jaloux, s'efforçait de le mordre ;

Il s'était si crûment dans les excès plongé
Qu'il était dénoncé par la caille et le geai;
Son bras, toujours tendu vers quelque blonde tresse,
Traversait l'ombre; après les mois de sécheresse,
Les rivières, qui n'ont qu'un voile de vapeur,
Allant remplir leur urne à la pluie, avaient peur
De rencontrer sa face effrontée et cornue;
Un jour, se croyant seule et s'étant mise nue
Pour se baigner au flot d'un ruisseau clair, Psyché
L'aperçut tout à coup dans les feuilles caché,
Et s'enfuit, et s'alla plaindre dans l'empyrée;
Il avait l'innocence impudique de Rhée;
Son caprice, à la fois divin et bestial,
Montait jusqu'au rocher sacré de l'idéal,
Car partout où l'oiseau vole, la chèvre y grimpe;
Ce faune débraillait la forêt de l'Olympe;
Et, de plus, il était voleur, l'aventurier.

Hercule l'alla prendre au fond de son terrier,
Et l'amena devant Jupiter par l'oreille.

I

LE BLEU

Quand le satyre fut sur la cime vermeille,
Quand il vit l'escalier céleste commençant,
On eût dit qu'il tremblait, tant c'était ravissant !
Et que, rictus ouvert au vent, tête éblouie
A la fois par les yeux, l'odorat et l'ouïe,
Faune ayant de la terre encore à ses sabots,
Il frissonnait devant les cieux sereins et beaux ;

Quoique à peine fût-il au seuil de la caverne
De rayons et d'éclairs que Jupiter gouverne,
Il contemplait l'azur, des pléiades voisin ;
Béant, il regardait passer, comme un essaim
De molles nudités sans fin continuées,
Toutes ces déités que nous nommons nuées.
C'était l'heure où sortaient les chevaux du soleil.
Le ciel, tout frémissant du glorieux réveil,
Ouvrait les deux battants de sa porte sonore ;
Blancs, ils apparaissaient formidables d'aurore ;
Derrière eux, comme un orbe effrayant, couvert d'yeux,
Éclatait la rondeur du grand char radieux ;
On distinguait le bras du dieu qui les dirige ;
Aquilon achevait d'atteler le quadrige ;
Les quatre ardents chevaux dressaient leur poitrail d'or;
Faisant leurs premiers pas, ils se cabraient encor
Entre la zone obscure et la zone enflammée ;
De leurs crins, d'où semblait sortir une fumée
De perles, de saphyrs, d'onyx, de diamants,
Dispersée et fuyante au fond des éléments,
Les trois premiers, l'œil fier, la narine embrasée,
Secouaient dans le jour des gouttes de rosée ;
Le dernier secouait des astres dans la nuit.

Le ciel, le jour qui monte et qui s'épanouit,
La terre qui s'efface et l'ombre qui se dore,

Ces hauteurs, ces splendeurs, ces chevaux de l'aurore
Dont le hennissement provoque l'infini,
Tout cet ensemble auguste, heureux, calme, béni,
Puissant, pur, rayonnait ; un coin était farouche ;
Là brillaient, près de l'antre où Gorgone se couche,
Les armes de chacun des grands dieux que l'autan
Gardait sévère, assis sur des os de titan ;
Là reposait la Force avec la Violence ;
On voyait, chauds encor, fumer les fers de lance ;
On voyait des lambeaux de chair aux coutelas
De Bellone, de Mars, d'Hécate et de Pallas,
Des cheveux au trident et du sang à la foudre.

Si le grain pouvait voir la meule prête à moudre,
Si la ronce du bouc apercevait la dent,
Ils auraient l'air pensif du sylvain, regardant
Les armures des dieux dans le bleu vestiaire ;
Il entra dans le ciel ; car le grand bestiaire
Tenait sa large oreille et ne le lâchait pas ;
Le bon faune crevait l'azur à chaque pas ;
Il boitait, tout gêné de sa fange première ;
Son pied fourchu faisait des trous dans la lumière,
La monstruosité brutale du sylvain
Étant lourde et hideuse au nuage divin.
Il avançait, ayant devant lui le grand voile
Sous lequel le matin glisse sa fraîche étoile ;

Soudain il se courba sous un flot de clarté,
Et, le rideau s'étant tout à coup écarté,
Dans leur immense joie il vit les dieux terribles.

Ces êtres surprenants et forts, ces invisibles,
Ces inconnus profonds de l'abîme, étaient là.
Sur douze trônes d'or que Vulcain cisela,
A la table où jamais on ne se rassasie,
Ils buvaient le nectar et mangeaient l'ambroisie.
Vénus était devant et Jupiter au fond.
Cypris, sur la blancheur d'une écume qui fond,
Reposait mollement, nue et surnaturelle,
Ceinte du flamboiement des yeux fixés sur elle,
Et, par moments, avec l'encens, les cœurs, les vœux,
Toute la mer semblait flotter dans ses cheveux.
Jupiter aux trois yeux songeait, un pied sur l'aigle;
Son sceptre était un arbre ayant pour fleur la règle;
On voyait dans ses yeux le monde commencé;
Et dans l'un le présent, dans l'autre le passé;
Dans le troisième errait l'avenir comme un songe;
Il ressemblait au gouffre où le soleil se plonge;
Des femmes, Danaé, Latone, Sémélé,
Flottaient dans son regard; sous son sourcil voilé,
Sa volonté parlait à sa toute-puissance;
La nécessité morne était sa réticence;
Il assignait les sorts; et ses réflexions
Étaient gloire aux Cadmus et roue aux Ixions;

Sa rêverie, où l'ombre affreuse venait faire
Des taches de noirceur sur un fond de lumière,
Était comme la peau du léopard tigré ;
Selon qu'ils s'écartaient ou s'approchaient, au gré
De ses décisions clémentes ou funèbres,
Son pouce et son index faisaient dans les ténèbres
S'ouvrir ou se fermer les ciseaux d'Atropos ;
La radieuse paix naissait de son repos,
Et la guerre sortait du pli de sa narine ;
Il méditait, avec Thémis dans sa poitrine,
Calme, et si patient que les sœurs d'Arachné,
Entre le froid conseil de Minerve émané,
Et l'ordre redoutable attendu par Mercure,
Filaient leur toile au fond de sa pensée obscure.

Derrière Jupiter rayonnait Cupidon,
L'enfant cruel, sans pleurs, sans remords, sans pardon,
Qui, le jour qu'il naquit, riait, se sentant d'âge
A commencer, du haut des cieux, son brigandage.

L'univers apaisé, content, mélodieux,
Faisait une musique autour des vastes dieux ;
Partout où le regard tombait, c'était splendide ;
Toute l'immensité n'avait pas une ride ;

Le ciel réverbérait autour d'eux leur beauté ;
Le monde les louait pour l'avoir bien dompté ;
La bête aimait leurs arcs, l'homme adorait leurs piques ;
Ils savouraient, ainsi que des fruits magnifiques,
Leurs attentats bénis, heureux, inexpiés ;
Les haines devenaient des lyres sous leurs pieds,
Et même la clameur du triste lac Stymphale,
Partie horrible et rauque, arrivait triomphale.

Au-dessus de l'Olympe éclatant, au delà
Du nouveau ciel qui naît et du vieux qui croula,
Plus loin que les chaos, prodigieux décombres,
Tournait la roue énorme aux douze cages sombres,
Le Zodiaque, ayant autour de ses essieux
Douze spectres tordant leur chaîne dans les cieux ;
Ouverture du puits de l'infini sans borne ;
Cercle horrible où le chien fuit près du capricorne ;
Orbe inouï, mêlant dans l'azur nébuleux
Aux lions constellés les sagittaires bleus.

Jadis, longtemps avant que la lyre thébaine
Ajoutât des clous d'or à sa conque d'ébène,
Ces êtres merveilleux que le Destin conduit,
Étaient tout noirs, ayant pour mère l'âpre Nuit ;

Lorsque le Jour parut, il leur livra bataille ;
Lutte affreuse! il vainquit; l'Ombre encore en tressaille ;
De sorte que, percés des flèches d'Apollon,
Tous ces monstres, partout, de la tête au talon,
En souvenir du sombre et lumineux désastre,
Ont maintenant la plaie incurable d'un astre.

Hercule, de ce poing qui peut fendre l'Ossa,
Lâchant subitement le captif, le poussa
Sur le grand pavé bleu de la céleste zone.
« Va, » dit-il. Et l'on vit apparaître le faune,
Hérissé, noir, hideux, et cependant serein,
Pareil au bouc velu qu'à Smyrne le marin,
En souvenir des prés, peint sur les blanches voiles;
L'éclat de rire fou monta jusqu'aux étoiles,
Si joyeux, qu'un géant enchaîné sous le mont
Leva la tête et dit : « Quel crime font-ils donc ? »
Jupiter, le premier, rit; l'orageux Neptune
Se dérida, changeant la mer et la fortune;
Une Heure qui passait avec son sablier
S'arrêta, laissant l'homme et la terre oublier ;
La gaîté fut, devant ces narines camuses,
Si forte, qu'elle osa même aller jusqu'aux Muses;
Vénus tourna son front, dont l'aube se voila,
Et dit : « Qu'est-ce que c'est que cette bête-là ? »
Et Diane chercha sur son dos une flèche ;

L'urne du Potamos étonné resta sèche ;
La colombe ferma ses doux yeux, et le paon
De sa roue arrogante insulta l'ægipan ;
Les déesses riaient toutes comme des femmes ;
Le faune, haletant parmi ces grandes dames,
Cornu, boiteux, difforme, alla droit à Vénus ;
L'homme-chèvre ébloui regarda ces pieds nus ;
Alors on se pâma ; Mars embrassa Minerve,
Mercure prit la taille à Bellone avec verve,
La meute de Diane aboya sur l'OEta ;
Le tonnerre n'y put tenir, il éclata ;
Les immortels penchés parlaient aux immortelles ;
Vulcain dansait ; Pluton disait des choses telles
Que Momus en était presque déconcerté ;
Pour que la reine pût se tordre en liberté,
Hébé cachait Junon derrière son épaule ;
Et l'Hiver se tenait les côtes sur le pôle.

Ainsi les dieux riaient du pauvre paysan.

Et lui, disait tout bas à Vénus : « Viens-nous-en. »

Nulle voix ne peut rendre et nulle langue écrire
Le bruit divin que fit la tempête du rire.
Hercule dit : « Voilà le drôle en question.
— Faune, dit Jupiter, le grand amphictyon,
Tu mériterais bien qu'on te changeât en marbre,
En flot, ou qu'on te mît au cachot dans un arbre ;
Pourtant je te fais grâce, ayant ri. Je te rends
A ton antre, à ton lac, à tes bois murmurants ;
Mais, pour continuer le rire qui te sauve,
Gueux, tu vas nous chanter ton chant de bête fauve.
L'Olympe écoute. Allons, chante. »

Le chèvre-pieds
Dit : « Mes pauvres pipeaux sont tout estropiés ;
Hercule ne prend pas bien garde lorsqu'il entre ;
Il a marché dessus en traversant mon antre.
Or, chanter sans pipeaux, c'est fort contrariant. »

Mercure lui prêta sa flûte en souriant.

L'humble ægipan, figure à l'ombre habituée,
Alla s'asseoir rêveur derrière une nuée

Comme si, moins voisin des rois, il était mieux;
Et se mit à chanter un chant mystérieux.
L'aigle, qui, seul, n'avait pas ri, dressa la tête.

Il chanta, calme et triste.

Alors sur le Taygète,
Sur le Mysis, au pied de l'Olympe divin,
Partout, on vit, au fond du bois et du ravin,
Les bêtes qui passaient leurs têtes entre les branches;
La biche à l'œil profond se dressa sur ses hanches,
Et les loups firent signe aux tigres d'écouter;
On vit, selon le rhythme étrange, s'agiter
Le haut des arbres, cèdre, ormeau, pins qui murmurent,
Et les sinistres fronts des grands chênes s'émurent.

Le faune énigmatique, aux Grâces odieux,
Ne semblait plus savoir qu'il était chez les dieux.

II

LE NOIR

Le satyre chanta la terre monstrueuse.

L'eau perfide sur mer, dans les champs tortueuse,
Sembla dans son prélude errer comme à travers
Les sables, les graviers, l'herbe et les roseaux verts;
Puis il dit l'Océan, typhon couvert de baves,
Puis la Terre lugubre avec toutes ses caves,

Son dessous effrayant, ses trous, ses entonnoirs,
Où l'ombre se fait onde, où vont des fleuves noirs,
Où le volcan, noyé sous d'affreux lacs, regrette
La montagne, son casque, et le feu, son aigrette,
Où l'on distingue, au fond des gouffres inouïs,
Les vieux enfers éteints des dieux évanouis.
Il dit la séve; il dit la vaste plénitude
De la nuit, du silence et de la solitude,
Le froncement pensif du sourcil des rochers;
Sorte de mer ayant les oiseaux pour nochers,
Pour algue le buisson, la mousse pour éponge,
La végétation aux mille têtes songe;
Les arbres pleins de vent ne sont pas oublieux;
Dans la vallée, au bord des lacs, sur les hauts lieux,
Ils gardent la figure antique de la terre;
Le chêne est entre tous profond, fidèle, austère;
Il protége et défend le coin du bois ami
Où le gland l'engendra, s'entr'ouvrant à demi,
Où son ombrage attire et fait rêver le pâtre.
Pour arracher de là ce vieil opiniâtre,
Que d'efforts, que de peine au rude bûcheron!
Le sylvain raconta Dodone et Cithéron,
Et tout ce qu'aux bas-fonds d'Hémus, sur l'Érymanthe
Sur l'Hymète, l'autan tumultueux tourmente;
Avril avec Tellus pris en flagrant délit;
Les fleuves recevant les sources dans leur lit,
La grenade montrant sa chair sous sa tunique,
Le rut religieux du grand cèdre cynique,

Et, dans l'âcre épaisseur des branchages flottants,
La palpitation sauvage du printemps.
« Tout l'abîme est sous l'arbre énorme comme une urne.
» La terre sous la plante ouvre son puits nocturne
» Plein de feuilles, de fleurs et de l'amas mouvant
» Des rameaux que, plus tard, soulèvera le vent,
» Et dit :—Vivez ! Prenez. C'est à vous. Prends, brin d'herbe!
» Prends, sapin ! — La forêt surgit ; l'arbre superbe
» Fouille le globe avec une hydre sous ses pieds ;
» La racine effrayante aux longs cous repliés,
» Aux mille becs béants dans la profondeur noire,
» Descend, plonge, atteint l'ombre et tâche de la boire,
» Et, bue, au gré de l'air, du lieu, de la saison,
» L'offre au ciel en encens ou la crache en poison,
» Selon que la racine, embaumée ou malsaine,
» Sort, parfum, de l'amour, ou, venin, de la haine.
» De là, pour les héros, les grâces et les dieux,
» L'œillet, le laurier-rose et le lys radieux,
» Et pour l'homme qui pense et qui voit, la ciguë.

» Mais qu'importe à la terre ! Au chaos contiguë,
» Elle fait son travail d'accouchement sans fin.
» Elle a pour nourrisson l'universelle faim.
» C'est vers son sein qu'en bas les racines s'allongent.
» Les arbres sont autant de mâchoires qui rongent
» Les éléments, épars dans l'air souple et vivant ;

» Ils dévorent la pluie, ils dévorent le vent;
» Tout leur est bon, la nuit, la mort; la pourriture
» Voit la rose et lui va porter sa nourriture;
» L'herbe vorace broute au fond des bois touffus;
» A toute heure, on entend le craquement confus
» Des choses sous la dent des plantes; on voit paître
» Au loin, de toutes parts, l'immensité champêtre;
» L'arbre transforme tout dans son puissant progrès;
» Il faut du sable, il faut de l'argile et du grès;
» Il en faut au lentisque, il en faut à l'yeuse,
» Il en faut à la ronce, et la terre joyeuse
» Regarde la forêt formidable manger. »

Le satyre semblait dans l'abîme songer;
Il peignit l'arbre vu du côté des racines,
Le combat souterrain des plantes assassines,
L'antre que le feu voit, qu'ignore le rayon,
Le revers ténébreux de la création,
Comment filtre la source et flambe le cratère;
Il avait l'air de suivre un esprit sous la terre;
Il semblait épeler un magique alphabet;
On eût dit que sa chaîne invisible tombait;
Il brillait; on voyait s'échapper de sa bouche
Son rêve avec un bruit d'ailes vague et farouche :

« Les forêts sont le lieu lugubre ; la terreur,
» Noire, y résiste même au matin, ce doreur ;
» Les arbres tiennent l'ombre enchaînée à leurs tiges ;
» Derrière le réseau ténébreux des vertiges,
» L'aube est pâle, et l'on voit se tordre les serpents
» Des branches sur l'aurore horribles et rampants ;
» Là, tout tremble ; au-dessus de la ronce hagarde,
» Le mont, ce grand témoin, se soulève et regarde ;
» La nuit, les hauts sommets, noyés dans la vapeur,
» Les antres froids, ouvrant la bouche avec stupeur,
» Les blocs, ces durs profils, les rochers, ces visages
» Avec qui l'ombre voit dialoguer les sages,
» Guettent le grand secret, muets, le cou tendu ;
» L'œil des montagnes s'ouvre et contemple éperdu ;
» On voit s'aventurer dans les profondeurs fauves
» La curiosité de ces noirs géants chauves ;
» Ils scrutent le vrai ciel, de l'Olympe inconnu ;
» Ils tâchent de saisir quelque chose de nu :
» Ils sondent l'étendue auguste, chaste, austère,
» Irritée, et, parfois, surprenant le mystère,
» Aperçoivent la Cause au pur rayonnement,
» Et l'Énigme sacrée, au loin, sans vêtement,
» Montrant sa forme blanche au fond de l'insondable.
» O nature terrible ! ô lien formidable
» Du bois qui pousse avec l'idéal contemplé !
» Bain de la déité dans le gouffre étoilé !
» Farouche nudité de la Diane sombre
» Qui, de loin regardée et vue à travers l'ombre,

» Fait croître au front des rocs les arbres monstrueux !
» O forêt ! »

Le sylvain avait fermé les yeux ;
La flûte que, parmi des mouvements de fièvre,
Il prenait et quittait, importunait sa lèvre ;
Le faune la jeta sur le sacré sommet ;
Sa paupière était close, on eût dit qu'il dormait,
Mais ses cils roux laissaient passer de la lumière ;

Il poursuivit :

« Salut, Chaos ! gloire à la Terre !
» Le chaos est un dieu ; son geste est l'élément ;
» Et lui seul a ce nom sacré : Commencement.
» C'est lui qui, bien avant la naissance de l'heure,
» Surprit l'aube endormie au fond de sa demeure,
» Avant le premier jour et le premier moment ;
» C'est lui qui, formidable, appuya doucement
» La gueule de la nuit aux lèvres de l'aurore ;
» Et c'est de ce baiser qu'on vit l'étoile éclore.

» Le chaos est l'époux lascif de l'infini.
» Avant le Verbe, il a rugi, sifflé, henni;
» Les animaux, aînés de tout, sont les ébauches
» De sa fécondité comme de ses débauches.
» Fussiez-vous dieux, songez en voyant l'animal!
» Car il n'est pas le jour, mais il n'est pas le mal.
» Toute la force obscure et vague de la terre
» Est dans la brute, larve auguste et solitaire;
» La sibylle au front gris le sait, et les devins
» Le savent, ces rôdeurs des sauvages ravins;
» Et c'est là ce qui fait que la Thessalienne
» Prend des touffes de poil aux cuisses de l'hyène,
» Et qu'Orphée écoutait, hagard, presque jaloux,
» Le chant sombre qui sort du hurlement des loups. »

« — Marsyas! » murmura Vulcain, l'envieux louche.
Apollon attentif mit le doigt sur sa bouche.
Le faune ouvrit les yeux, et peut-être entendit;
Calme, il prit son genou dans ses deux mains, et dit :

« Et maintenant, ô dieux! écoutez ce mot : L'âme!
» Sous l'arbre qui bruit, près du monstre qui brame,
» Quelqu'un parle. C'est l'Ame. Elle sort du chaos.
» Sans elle, pas de vents, le miasme; pas de flots,

» L'étang ; l'âme, en sortant du chaos, le dissipe ;
» Car il n'est que l'ébauche, et l'âme est le principe.
» L'Être est d'abord moitié brute et moitié forêt ;
» Mais l'Air veut devenir l'Esprit, l'homme apparaît.
» L'homme ? qu'est-ce que c'est que ce sphinx ? Il commence
» En sagesse, ô mystère ! et finit en démence.
» O ciel qu'il a quitté, rends-lui son âge d'or ! »

Le faune, interrompant son orageux essor,
Ouvrit d'abord un doigt, puis deux, puis un troisième,
Comme quelqu'un qui compte en même temps qu'il sème,
Et cria, sur le haut Olympe vénéré :

« O dieux, l'arbre est sacré, l'animal est sacré,
» L'homme est sacré ; respect à la terre profonde !
» La terre où l'homme crée, invente, bâtit, fonde,
» Géant possible, encor caché dans l'embryon,
» La terre où l'animal erre autour du rayon,
» La terre où l'arbre ému prononce des oracles,
» Dans l'obscur infini, tout rempli de miracles,
» Est le prodige, ô dieux, le plus proche de vous.
» C'est le globe inconnu qui vous emporte tous,
» Vous les éblouissants, la grande bande altière,
» Qui dans des coupes d'or buvez de la lumière,

» Vous qu'une aube précède et qu'une flamme suit,
» Vous les dieux, à travers la formidable nuit ! »

La sueur ruisselait sur le front du satyre,
Comme l'eau du filet que des mers on retire ;
Ses cheveux s'agitaient comme au vent libyen.

Phœbus lui dit : « Veux-tu la lyre ?

— Je veux bien, »
Dit le faune ; et, tranquille, il prit la grande lyre.

Alors il se dressa debout dans le délire
Des rêves, des frissons, des aurores, des cieux,
Avec deux profondeurs splendides dans les yeux.

« Il est beau ! » murmura Vénus épouvantée.

Et Vulcain, s'approchant d'Hercule, dit : « Antée. »
Hercule repoussa du coude ce boiteux.

III

LE SOMBRE

Il ne les voyait pas, quoiqu'il fût devant eux.

Il chanta l'Homme. Il dit cette aventure sombre ;
L'homme, le chiffre élu, tête auguste du nombre,
Effacé par sa faute, et, désastreux reflux,
Retombé dans la nuit de ce qu'on ne voit plus ;

Il dit les premiers temps, le bonheur, l'Atlantide ;
Comment le parfum pur devint miasme fétide,
Comment l'hymne expira sous le clair firmament,
Comment la liberté devint joug, et comment
Le silence se fit sur la terre domptée ;
Il ne prononça pas le nom de Prométhée,
Mais il avait dans l'œil l'éclair du feu volé ;
Il dit l'humanité mise sous le scellé ;
Il dit tous les forfaits et toutes les misères,
Depuis les rois peu bons jusqu'aux dieux peu sincères.
Tristes hommes ! ils ont vu le ciel se fermer.
En vain, pieux, ils ont commencé par s'aimer ;
En vain, frères, ils ont tué la Haine infâme,
Le monstre à l'aile onglée, aux sept gueules de flamme ;
Hélas ! comme Cadmus, ils ont bravé le sort ;
Ils ont semé les dents de la bête ; il en sort
Des spectres tournoyant comme la feuille morte,
Qui combattent, l'épée à la main, et qu'emporte
L'évanouissement du vent mystérieux.
Ces spectres sont les rois ; ces spectres sont les dieux.
Ils renaissent sans fin, ils reviennent sans cesse ;
L'antique égalité devient sous eux bassesse ;
Dracon donne la main à Busiris ; la Mort
Se fait code, et se met aux ordres du plus fort,
Et le dernier soupir libre et divin s'exhale
Sous la difformité de la loi colossale :
L'homme se tait, ployé sous cet entassement ;
Il se venge ; il devient pervers ; il vole, il ment ;

L'âme inconnue et sombre a des vices d'esclave ;
Puisqu'on lui met un mont sur elle, elle en sort lave ;
Elle brûle et ravage au lieu de féconder.
Et dans le chant du faune on entendait gronder
Tout l'essaim des fléaux furieux qui se lève.
Il dit la guerre ; il dit la trompette et le glaive ;
La mêlée en feu, l'homme égorgé sans remord,
La gloire, et dans la joie affreuse de la mort
Les plis voluptueux des bannières flottantes ;
L'aube naît ; les soldats s'éveillent sous les tentes ;
La nuit, même en plein jour, les suit, planant sur eux ;
L'armée en marche ondule au fond des chemins creux ;
La baliste en roulant s'enfonce dans les boues ;
L'attelage fumant tire, et l'on pousse aux roues ;
Cris des chefs, pas confus ; les moyeux des charrois
Balafrent les talus des ravins trop étroits.
On se rencontre, ô choc hideux ! les deux armées
Se heurtent, de la même épouvante enflammées,
Car la rage guerrière est un gouffre d'effroi.
O vaste effarement ! chaque bande a son roi.
Perce, épée ! ô cognée, abats ! massue, assomme !
Cheval, foule aux pieds l'homme, et l'homme, et l'homme et l'homme !
Hommes, tuez, traînez les chars, roulez les tours ;
Maintenant, pourrissez, et voici les vautours !
Des guerres sans fin naît le glaive héréditaire ;
L'homme fuit dans les trous, au fond des bois, sous terre ;
Et, soulevant le bloc qui ferme son rocher,
Écoute s'il entend les rois là-haut marcher ;

Il se hérisse; l'ombre aux animaux le mêle;
Il déchoit; plus de femme, il n'a qu'une femelle;
Plus d'enfants, des petits; l'amour qui le séduit
Est fils de l'Indigence et de l'Air de la nuit;
Tous ses instincts sacrés à la fange aboutissent;
Les rois, après l'avoir fait taire, l'abrutissent,
Si bien que le bâillon est maintenant un mors.
Et sans l'homme pourtant les horizons sont morts;
Qu'est la création sans cette initiale?
Seul sur la terre il a la lueur faciale;
Seul il parle; et sans lui tout est décapité.
Et l'on vit poindre aux yeux du faune la clarté
De deux larmes coulant comme à travers la flamme.
Il montra tout le gouffre acharné contre l'âme;
Les ténèbres croisant leurs funestes rameaux,
Et la forêt du sort et la meute des maux.
Les hommes se cachant, les dieux suivant leurs pistes.
Et, pendant qu'il chantait toutes ces strophes tristes,
Le grand souffle vivant, ce transfigurateur,
Lui mettait sous les pieds la céleste hauteur;
En cercle autour de lui se taisaient les Borées;
Et, comme par un fil invisible tirées,
Les brutes, loups, renards, ours, lions chevelus,
Panthères, s'approchaient de lui de plus en plus;
Quelques-unes étaient si près des dieux venues,
Pas à pas, qu'on voyait leurs gueules dans les nues.

Les dieux ne riaient plus; tous ces victorieux,
Tous ces rois, commençaient à prendre au sérieux
Cette espèce d'esprit qui sortait d'une bête.

Il reprit :

« Donc, les dieux et les rois sur le faîte,
» L'homme en bas; pour valets aux tyrans, les fléaux.
» L'homme ébauché ne sort qu'à demi du chaos,
» Et jusqu'à la ceinture il plonge dans la brute;
» Tout le trahit; parfois, il renonce à la lutte.
» Où donc est l'espérance? Elle a lâchement fui.
» Toutes les surdités s'entendent contre lui;
» Le sol l'alourdit, l'air l'enfièvre, l'eau l'isole;
» Autour de lui la mer sinistre se désole;
» Grâce au hideux complot de tous ces guet-apens,
» Les flammes, les éclairs, sont contre lui serpents;
» Ainsi que le héros l'aquilon le soufflette;
» La peste aide le glaive, et l'élément complète
» Le despote, et la nuit s'ajoute au conquérant;
» Ainsi la Chose vient mordre aussi l'homme, et prend
» Assez d'âme pour être une force, complice
» De son impénétrable et nocturne supplice;
» Et la Matière, hélas! devient Fatalité.
» Pourtant qu'on prenne garde à ce déshérité!

» Dans l'ombre, une heure est là qui s'approche, et frissonne,
» Qui sera la terrible et qui sera la bonne,
» Qui viendra te sauver, homme, car tu l'attends,
» Et changer la figure implacable du temps!
» Qui connaît le destin? qui sonda le peut-être?
» Oui, l'heure énorme vient, qui fera tout renaître,
» Vaincra tout, changera le granit en aimant,
» Fera pencher l'épaule au morne escarpement,
» Et rendra l'impossible aux hommes praticable.
» Avec ce qui l'opprime, avec ce qui l'accable,
» Le genre humain se va forger son point d'appui ;
» Je regarde le gland qu'on appelle Aujourd'hui,
» J'y vois le chêne ; un feu vit sous la cendre éteinte.
» Misérable homme, fait pour la révolte sainte,
» Ramperas-tu toujours parce que tu rampas?
» Qui sait si quelque jour on ne te verra pas,
» Fier, suprême, atteler les forces de l'abîme,
» Et, dérobant l'éclair à l'Inconnu sublime,
» Lier ce char d'un autre à des chevaux à toi?
» Oui, peut-être on verra l'homme devenir loi,
» Terrasser l'élément sous lui, saisir et tordre
» Cette anarchie au point d'en faire jaillir l'ordre,
» Le saint ordre de paix, d'amour et d'unité,
» Dompter tout ce qui l'a jadis persécuté,
» Se construire à lui-même une étrange monture
» Avec toute la vie et toute la nature,
» Seller la croupe en feu des souffles de l'enfer,
» Et mettre un frein de flamme à la gueule du fer !

» On le verra, vannant la braise dans son crible,
» Maître et palefrenier d'une bête terrible,
» Criant à toute chose : « Obéis, germe, nais ! »
» Ajustant sur le bronze et l'acier un harnais
» Fait de tous les secrets que l'étude procure,
» Prenant aux mains du vent la grande bride obscure,
» Passer dans la lueur ainsi que les démons,
» Et traverser les bois, les fleuves et les monts,
» Beau, tenant une torche aux astres allumée,
» Sur une hydre d'airain, de foudre et de fumée !
» On l'entendra courir dans l'ombre avec le bruit
» De l'aurore enfonçant les portes de la nuit !
» Qui sait si quelque jour, grandissant d'âge en âge,
» Il ne jettera pas son dragon à la nage,
» Et ne franchira pas les mers, la flamme au front !
» Qui sait si, quelque jour, brisant l'antique affront,
» Il ne lui dira pas : « Envole-toi, matière ! »
» S'il ne franchira point la tonnante frontière,
» S'il n'arrachera pas de son corps brusquement
» La pesanteur, peau vile, immonde vêtement
» Que la fange hideuse à la pensée inflige,
» De sorte qu'on verra tout à coup, ô prodige,
» Ce ver de terre ouvrir ses ailes dans les cieux !
» Oh ! lève-toi, sois grand, homme ! va, factieux !
» Homme, un orbite d'astre est un anneau de chaîne,
» Mais cette chaîne-là, c'est la chaîne sereine,
» C'est la chaîne d'azur, c'est la chaîne du ciel ;
» Celle-là, tu t'y dois rattacher, ô mortel,

» Afin — car un esprit se meut comme une sphère, —
» De faire aussi ton cercle autour de la lumière !
» Entre dans le grand chœur ! va, franchis ce degré,
» Quitte le joug infâme et prends le joug sacré !
» Deviens l'Humanité, triple, homme, enfant et femme !
» Transfigure-toi ! va ! sois de plus en plus l'âme !
» Esclave, grain d'un roi, démon, larve d'un dieu,
» Prends le rayon, saisis l'aube, usurpe le feu ;
» Torse ailé, front divin, monte au jour, monte au trône,
» Et dans la sombre nuit jette les pieds du faune ! »

IV

L'ÉTOILÉ

Le satyre un moment s'arrêta, respirant
Comme un homme levant son front hors d'un torrent ;
Un autre être semblait sous sa face apparaître ;
Les dieux s'étaient tournés, inquiets, vers le maître,
Et, pensifs, regardaient Jupiter stupéfait.

Il reprit :

« Sous le poids hideux qui l'étouffait,
» Le réel renaîtra, dompteur du mal immonde.
» Dieux, vous ne savez pas ce que c'est que le monde ;
» Dieux, vous avez vaincu, vous n'avez pas compris.
» Vous avez au-dessus de vous d'autres esprits,
» Qui, dans le feu, la nue, et l'onde et la bruine,
» Songent en attendant votre immense ruine.
» Mais qu'est-ce que cela me fait à moi qui suis
» La prunelle effarée au fond des vastes nuits !
» Dieux, il est d'autres sphinx que le vieux sphinx de Thèbe.
» Sachez ceci, tyrans de l'homme et de l'Érèbe,
» Dieux qui versez le sang, dieux dont on voit le fond :
» Nous nous sommes tous faits bandits sur ce grand mont
» Où la terre et le ciel semblent en équilibre,
» Mais vous pour être rois et moi pour être libre.
» Pendant que vous semez haine, fraude et trépas,
» Et que vous enjambez tout le crime en trois pas,
» Moi, je songe. Je suis l'œil fixe des cavernes.
» Je vois. Olympes bleus et ténébreux Avernes,
» Temples, charniers, forêts, cités, aigle, alcyon,
» Sont devant mon regard la même vision ;
» Les dieux, les fléaux, ceux d'à présent, ceux d'ensuite,
» Traversent ma lueur et sont la même fuite.
» Je suis témoin que tout disparaît. Quelqu'un est.
» Mais celui-là, jamais l'homme ne le connaît.
» L'humanité suppose, ébauche, essaye, approche ;
» Elle façonne un marbre, elle taille une roche,
» Et fait une statue, et dit : Ce sera lui.

» L'homme reste devant cette pierre ébloui ;
» Et tous les à-peu-près, quels qu'ils soient, ont des prêtres.
» Soyez les Immortels, faites ! broyez les êtres,
» Achevez ce vain tas de vivants palpitants,
» Régnez ; quand vous aurez, encore un peu de temps,
» Ensanglanté le ciel que la lumière azure,
» Quand vous aurez, vainqueurs, comblé votre mesure,
» C'est bien, tout sera dit, vous serez remplacés
» Par ce noir dieu final que l'homme appelle Assez !
» Car Delphe et Pise sont comme des chars qui roulent,
» Et les choses qu'on crut éternelles s'écroulent
» Avant qu'on ait le temps de compter jusqu'à vingt. »

Tout en parlant ainsi, le satyre devint
Démesuré ; plus grand d'abord que Polyphème,
Puis plus grand que Typhon qui hurle et qui blasphème,
Et qui heurte ses poings ainsi que des marteaux,
Puis plus grand que Titan, puis plus grand que l'Athos ;
L'espace immense entra dans cette forme noire ;
Et, comme le marin voit croître un promontoire,
Les dieux dressés voyaient grandir l'être effrayant ;
Sur son front blêmissait un étrange orient ;
Sa chevelure était une forêt ; des ondes,
Fleuves, lacs, ruisselaient de ses hanches profondes ;
Ses deux cornes semblaient le Caucase et l'Atlas ;
Les foudres l'entouraient avec de sourds éclats ;

Sur ses flancs palpitaient des prés et des campagnes,
Et ses difformités s'étaient faites montagnes ;
Les animaux qu'avaient attirés ses accords,
Daims et tigres, montaient tout le long de son corps ;
Des avrils tout en fleurs verdoyaient sur ses membres ;
Le pli de son aisselle abritait des décembres ;
Et des peuples errants demandaient leur chemin,
Perdus au carrefour des cinq doigts de sa main ;
Des aigles tournoyaient dans sa bouche béante ;
La lyre, devenue en le touchant géante,
Chantait, pleurait, grondait, tonnait, jetait des cris ;
Les ouragans étaient dans les sept cordes pris
Comme des moucherons dans de lugubres toiles ;
Sa poitrine terrible était pleine d'étoiles.

Il cria :

« L'avenir, tel que les cieux le font,
» C'est l'élargissement dans l'infini sans fond,
» C'est l'esprit pénétrant de toutes parts la chose !
» On mutile l'effet en limitant la cause ;
» Monde, tout le mal vient de la forme des dieux.
» On fait du ténébreux avec le radieux ;
» Pourquoi mettre au-dessus de l'Être, des fantômes ?
» Les clartés, les éthers ne sont pas des royaumes.

» Place au fourmillement éternel des cieux noirs,
» Des cieux bleus, des midis, des aurores, des soirs !
» Place à l'atome saint qui brûle ou qui ruisselle !
» Place au rayonnement de l'âme universelle !
» Un roi c'est de la guerre, un dieu c'est de la nuit.
» Liberté, vie et foi, sur le dogme détruit !
» Partout une lumière et partout un génie !
» Amour ! tout s'entendra, tout étant l'harmonie !
» L'azur du ciel sera l'apaisement des loups.
» Place à Tout ! Je suis Pan ; Jupiter ! à genoux. »

IX

LA ROSE DE L'INFANTE

LA ROSE DE L'INFANTE

Elle est toute petite; une duègne la garde.
Elle tient à la main une rose et regarde.
Quoi? que regarde-t-elle? Elle ne sait pas. L'eau,
Un bassin qu'assombrit le pin et le bouleau;
Ce qu'elle a devant elle; un cygne aux ailes blanches,
Le bercement des flots sous la chanson des branches,

Et le profond jardin rayonnant et fleuri ;
Tout ce bel ange a l'air dans la neige pétri.
On voit un grand palais comme au fond d'une gloire,
Un parc, de clairs viviers où les biches vont boire,
Et des paons étoilés sous les bois chevelus.
L'innocence est sur elle une blancheur de plus ;
Toutes ses grâces font comme un faisceau qui tremble.
Autour de cette enfant l'herbe est splendide et semble
Pleine de vrais rubis et de diamants fins ;
Un jet de saphirs sort des bouches des dauphins.
Elle se tient au bord de l'eau ; sa fleur l'occupe ;
Sa basquine est en point de Gênes ; sur sa jupe
Une arabesque, errant dans les plis du satin,
Suit les mille détours d'un fil d'or florentin.
La rose épanouie et toute grande ouverte,
Sortant du frais bouton comme d'une urne verte,
Charge la petitesse exquise de sa main ;
Quand l'enfant, allongeant ses lèvres de carmin,
Fronce, en la respirant, sa riante narine,
La magnifique fleur, royale et purpurine,
Cache plus qu'à demi ce visage charmant,
Si bien que l'œil hésite, et qu'on ne sait comment
Distinguer de la fleur ce bel enfant qui joue,
Et si l'on voit la rose ou si l'on voit la joue.
Ses yeux bleus sont plus beaux sous son pur sourcil brun.
En elle tout est joie, enchantement, parfum ;
Quel doux regard, l'azur ! et quel doux nom, Marie !
Tout est rayon ; son œil éclaire et son nom prie.

LA ROSE DE L'INFANTE.

Pourtant, devant la vie et sous le firmament,
Pauvre être! elle se sent très-grande vaguement;
Elle assiste au printemps, à la lumière, à l'ombre,
Au grand soleil couchant horizontal et sombre,
A la magnificence éclatante du soir,
Aux ruisseaux murmurants qu'on entend sans les voir,
Aux champs, à la nature éternelle et sereine,
Avec la gravité d'une petite reine;
Elle n'a jamais vu l'homme que se courbant;
Un jour, elle sera duchesse de Brabant;
Elle gouvernera la Flandre ou la Sardaigne.
Elle est l'infante; elle a cinq ans, elle dédaigne.
Car les enfants des rois sont ainsi; leurs fronts blancs
Portent un cercle d'ombre, et leurs pas chancelants
Sont des commencements de règne. Elle respire
Sa fleur en attendant qu'on lui cueille un empire;
Et son regard, déjà royal, dit : C'est à moi.
Il sort d'elle un amour mêlé d'un vague effroi.
Si quelqu'un, la voyant si tremblante et si frêle,
Fût-ce pour la sauver, mettait la main sur elle,
Avant qu'il eût pu faire un pas ou dire un mot,
Il aurait sur le front l'ombre de l'échafaud.

La douce enfant sourit, ne faisant autre chose
Que de vivre et d'avoir dans la main une rose,

Et d'être là devant le ciel, parmi les fleurs.

Le jour s'éteint ; les nids chuchotent, querelleurs ;
Les pourpres du couchant sont dans les branches d'arbre ;
La rougeur monte au front des déesses de marbre
Qui semblent palpiter sentant venir la nuit ;
Et tout ce qui planait redescend ; plus de bruit,
Plus de flamme ; le soir mystérieux recueille
Le soleil sous la vague et l'oiseau sous la feuille.

Pendant que l'enfant rit, cette fleur à la main,
Dans le vaste palais catholique romain
Dont chaque ogive semble au soleil une mitre,
Quelqu'un de formidable est derrière la vitre ;
On voit d'en bas une ombre, au fond d'une vapeur,
De fenêtre en fenêtre errer, et l'on a peur ;
Cette ombre au même endroit, comme en un cimetière,
Parfois est immobile une journée entière ;
C'est un être effrayant qui semble ne rien voir ;
Il rôde d'une chambre à l'autre, pâle et noir ;
Il colle aux vitraux blancs son front lugubre, et songe ;
Spectre blême ! Son ombre aux feux du soir s'allonge ;

Son pas funèbre est lent comme un glas de beffroi ;
Et c'est la Mort, à moins que ce ne soit le Roi.

C'est lui ; l'homme en qui vit et tremble le royaume.
Si quelqu'un pouvait voir dans l'œil de ce fantôme
Debout en ce moment l'épaule contre un mur,
Ce qu'on apercevrait dans cet abîme obscur,
Ce n'est pas l'humble enfant, le jardin, l'eau moirée
Reflétant le ciel d'or d'une claire soirée,
Les bosquets, les oiseaux se becquetant entre eux,
Non : au fond de cet œil comme l'onde vitreux,
Sous ce fatal sourcil qui dérobe à la sonde
Cette prunelle autant que l'océan profonde,
Ce qu'on distinguerait, c'est, mirage mouvant,
Tout un vol de vaisseaux en fuite dans le vent,
Et dans l'écume, aux plis des vagues, sous l'étoile,
L'immense tremblement d'une flotte à la voile,
Et, là-bas, sous la brume, une île, un blanc rocher,
Écoutant sur les flots ces tonnerres marcher.

Telle est la vision qui, dans l'heure où nous sommes,
Emplit le froid cerveau de ce maître des hommes,

Et qui fait qu'il ne peut rien voir autour de lui.
L'armada, formidable et flottant point d'appui
Du levier dont il va soulever tout un monde,
Traverse en ce moment l'obscurité de l'onde;
Le roi dans son esprit la suit des yeux, vainqueur,
Et son tragique ennui n'a plus d'autre lueur.

Philippe Deux était une chose terrible.
Iblis dans le Koran et Caïn dans la Bible
Sont à peine aussi noirs qu'en son Escurial
Ce royal spectre, fils du spectre impérial.
Philippe Deux était le Mal tenant le glaive.
Il occupait le haut du monde comme un rêve.
Il vivait : nul n'osait le regarder; l'effroi
Faisait une lumière étrange autour du roi;
On tremblait rien qu'à voir passer ses majordomes;
Tant il se confondait, aux yeux troubles des hommes,
Avec l'abîme, avec les astres du ciel bleu!
Tant semblait grande à tous son approche de Dieu!
Sa volonté fatale, enfoncée, obstinée,
Était comme un crampon mis sur la destinée;
Il tenait l'Amérique et l'Inde, il s'appuyait
Sur l'Afrique, il régnait sur l'Europe, inquiet
Seulement du côté de la sombre Angleterre;
Sa bouche était silence et son âme mystère;

Son trône était de piége et de fraude construit ;
Il avait pour soutien la force de la nuit ;
L'ombre était le cheval de sa statue équestre.
Toujours vêtu de noir, ce Tout-Puissant terrestre
Avait l'air d'être en deuil de ce qu'il existait ;
Il ressemblait au sphinx qui digère et se tait ;
Immuable ; étant tout, il n'avait rien à dire.
Nul n'avait vu ce roi sourire ; le sourire
N'étant pas plus possible à ces lèvres de fer
Que l'aurore à la grille obscure de l'enfer.
S'il secouait parfois sa torpeur de couleuvre,
C'était pour assister le bourreau dans son œuvre,
Et sa prunelle avait pour clarté le reflet
Des bûchers sur lesquels par moments il soufflait.
Il était redoutable à la pensée, à l'homme,
A la vie, au progrès, au droit, dévot à Rome ;
C'était Satan régnant au nom de Jésus-Christ ;
Les choses qui sortaient de son nocturne esprit
Semblaient un glissement sinistre de vipères.
L'Escurial, Burgos, Aranjuez, ses repaires,
Jamais n'illuminaient leurs livides plafonds ;
Pas de festins, jamais de cour, pas de bouffons ;
Les trahisons pour jeu, l'autodafé pour fête.
Les rois troublés avaient au-dessus de leur tête
Ses projets dans la nuit obscurément ouverts ;
Sa rêverie était un poids sur l'univers ;
Il pouvait et voulait tout vaincre et tout dissoudre ;
Sa prière faisait le bruit sourd d'une foudre ;

De grands éclairs sortaient de ses songes profonds.
Ceux auxquels il pensait disaient : Nous étouffons.
Et les peuples, d'un bout à l'autre de l'empire,
Tremblaient, sentant sur eux ces deux yeux fixes luire.

Charles fut le vautour, Philippe est le hibou.

Morne en son noir pourpoint, la toison d'or au cou,
On dirait du destin la froide sentinelle;
Son immobilité commande; sa prunelle
Luit comme un soupirail de caverne; son doigt
Semble, ébauchant un geste obscur que nul ne voit,
Donner un ordre à l'ombre et vaguement l'écrire.
Chose inouïe! il vient de grincer un sourire.
Un sourire insondable, impénétrable, amer.
C'est que la vision de son armée en mer
Grandit de plus en plus dans sa sombre pensée;
C'est qu'il la voit voguer par son dessein poussée,
Comme s'il était là, planant sous le zénith;
Tout est bien; l'océan docile s'aplanit;
L'armada lui fait peur comme au déluge l'arche;
La flotte se déploie en bon ordre de marche,

Et, les vaisseaux gardant les espaces fixés,
Échiquier de tillacs, de ponts, de mâts dressés,
Ondule sur les eaux comme une immense claie.
Ces vaisseaux sont sacrés ; les flots leur font la haie ;
Les courants, pour aider ces nefs à débarquer,
Ont leur besogne à faire et n'y sauraient manquer ;
Autour d'elles la vague avec amour déferle,
L'écueil se change en port, l'écume tombe en perle.
Voici chaque galère avec son gastadour ;
Voilà ceux de l'Escaut, voilà ceux de l'Adour ;
Les cent mestres de camp et les deux connétables ;
L'Allemagne a donné ses ourques redoutables,
Naples ses brigantins, Cadiz ses galions,
Lisbonne ses marins, car il faut des lions.
Et Philippe se penche, et, qu'importe l'espace !
Non-seulement il voit, mais il entend. On passe,
On court, on va. Voici le cri des porte-voix,
Le pas des matelots courant sur les pavois,
Les moços, l'amiral appuyé sur son page,
Les tambours, les sifflets des maîtres d'équipage,
Les signaux pour la mer, l'appel pour les combats,
Le fracas sépulcral et noir du branle-bas.
Sont-ce des cormorans? sont-ce des citadelles?
Les voiles font un vaste et sourd battement d'ailes ;
L'eau gronde, et tout ce groupe énorme vogue, et fuit,
Et s'enfle et roule avec un prodigieux bruit.
Et le lugubre roi sourit de voir groupées
Sur quatre cents vaisseaux quatre-vingt mille épées.

O rictus du vampire assouvissant sa faim !
Cette pâle Angleterre, il la tient donc enfin !
Qui pourrait la sauver ? Le feu va prendre aux poudres.
Philippe dans sa droite a la gerbe des foudres ;
Qui pourrait délier ce faisceau dans son poing ?
N'est-il pas le seigneur qu'on ne contredit point ?
N'est-il pas l'héritier de César ? le Philippe
Dont l'ombre immense va du Gange au Pausilippe ?
Tout n'est-il pas fini quand il a dit : Je veux !
N'est-ce pas lui qui tient la victoire aux cheveux ?
N'est-ce pas lui qui lance en avant cette flotte,
Ces vaisseaux effrayants dont il est le pilote
Et que la mer charrie ainsi qu'elle le doit ?
Ne fait-il pas mouvoir avec son petit doigt
Tous ces dragons ailés et noirs, essaim sans nombre ?
N'est-il pas lui, le roi ? n'est-il pas l'homme sombre
A qui ce tourbillon de monstres obéit ?

Quand Béit-Cifresil, fils d'Abdallah-Béit,
Eut creusé le grand puits de la mosquée, au Caire,
Il y grava : « Le ciel est à Dieu ; j'ai la terre. »
Et, comme tout se tient, se mêle et se confond,
Tous les tyrans n'étant qu'un seul despote au fond,
Ce que dit ce sultan jadis, ce roi le pense.

Cependant, sur le bord du bassin, en silence,
L'infante tient toujours sa rose gravement,
Et, doux ange aux yeux bleus, la baise par moment.
Soudain un souffle d'air, une de ces haleines
Que le soir frémissant jette à travers les plaines,
Tumultueux zéphyr effleurant l'horizon,
Trouble l'eau, fait frémir les joncs, met un frisson
Dans les lointains massifs de myrte et d'asphodèle,
Vient jusqu'au bel enfant tranquille, et, d'un coup d'aile,
Rapide, et secouant même l'arbre voisin,
Effeuille brusquement la fleur dans le bassin ;
Et l'infante n'a plus dans la main qu'une épine.
Elle se penche, et voit sur l'eau cette ruine ;
Elle ne comprend pas ; qu'est-ce donc ? Elle a peur ;
Et la voilà qui cherche au ciel avec stupeur
Cette brise qui n'a pas craint de lui déplaire.
Que faire ? Le bassin semble plein de colère ;
Lui, si clair tout à l'heure, il est noir maintenant ;
Il a des vagues ; c'est une mer bouillonnant ;
Toute la pauvre rose est éparse sur l'onde ;
Ses cent feuilles, que noie et roule l'eau profonde,
Tournoyant, naufrageant, s'en vont de tous côtés
Sur mille petits flots par la brise irrités ;
On croit voir dans un gouffre une flotte qui sombre.
« — Madame, dit la duègne avec sa face d'ombre
A la petite fille étonnée et rêvant,
Tout sur terre appartient aux princes, hors le vent. »

X

L'INQUISITION

« Le baptême des volcans est un ancien usage qui remonte aux premiers temps de la conquête. Tous les cratères du Nicaragua furent alors sanctifiés, à l'exception du Momotombo, d'où l'on ne vit jamais revenir les religieux qui s'étaient chargés d'aller y planter la croix. »

(SQUIER, *Voyage dans l'Amérique du Sud.*)

LES RAISONS DU MOMOTOMBO

———

Trouvant les tremblements de terre trop fréquents,
Les rois d'Espagne ont fait baptiser les volcans
Du royaume qu'ils ont en-dessous de la sphère;
Les volcans n'ont rien dit et se sont laissé faire,
Et le Momotombo lui seul n'a pas voulu.
Plus d'un prêtre en surplis, par le saint-père élu,

Portant le sacrement que l'Église administre,
L'œil au ciel, a monté la montagne sinistre;
Beaucoup y sont allés, pas un n'est revenu.

O vieux Momotombo, colosse chauve et nu,
Qui songes près des mers, et fais de ton cratère
Une tiare d'ombre et de flamme à la terre,
Pourquoi, lorsqu'à ton seuil terrible nous frappons,
Ne veux-tu pas du Dieu qu'on t'apporte? Réponds.

La montagne interrompt son crachement de lave,
Et le Momotombo répond d'une voix grave :

« Je n'aimais pas beaucoup le dieu qu'on a chassé.
Cet avare cachait de l'or dans un fossé;
Il mangeait de la chair humaine; ses mâchoires
Étaient de pourriture et de sang toutes noires.
Son antre était un porche au farouche carreau,
Temple sépulcre orné d'un pontife bourreau;

Des squelettes riaient sous ses pieds ; les écuelles
Où cet être buvait le meurtre étaient cruelles ;
Sourd, difforme, il avait des serpents au poignet ;
Toujours entre ses dents un cadavre saignait ;
Ce spectre noircissait le firmament sublime.
J'en grondais quelquefois au fond de mon abîme.
Aussi, quand sont venus, fiers sur les flots tremblants,
Et du côté d'où vient le jour, des hommes blancs,
Je les ai bien reçus, trouvant que c'était sage.
— L'âme a certainement la couleur du visage,
Disais-je ; l'homme blanc, c'est comme le ciel bleu ;
Et le dieu de ceux-ci doit être un très-bon dieu.
On ne le verra point de meurtres se repaître. —
J'étais content ; j'avais horreur de l'ancien prêtre ;
Mais, quand j'ai vu comment travaille le nouveau,
Quand j'ai vu flamboyer, ciel juste ! à mon niveau !
Cette torche lugubre, âpre, jamais éteinte,
Sombre, que vous nommez l'Inquisition sainte,
Quand j'ai pu voir comment Torquemada s'y prend
Pour dissiper la nuit du sauvage ignorant,
Comment il civilise, et de quelle manière
Le saint office enseigne et fait de la lumière,
Quand j'ai vu dans Lima d'affreux géants d'osier,
Pleins d'enfants, pétiller sur un large brasier,
Et le feu dévorer la vie, et les fumées
Se tordre sur les seins des femmes allumées,
Quand je me suis senti parfois presque étouffé
Par l'âcre odeur qui sort de votre autodafé,

Moi qui ne brûlais rien que l'ombre en ma fournaise,
J'ai pensé que j'avais eu tort d'être bien aise;
J'ai regardé de près le dieu de l'étranger,
Et j'ai dit : — Ce n'est pas la peine de changer. »

XI

LA CHANSON DES AVENTURIERS

DE LA MER

LA CHANSON DES AVENTURIERS DE LA MER

En partant du golfe d'Otrante,
    Nous étions trente ;
Mais, en arrivant à Cadiz,
    Nous étions dix.

Tom Robin, matelot de Douvre,
Au Phare nous abandonna
Pour aller voir si l'on découvre
Satan, que l'archange enchaîna,
Quand un baîllement noir entr'ouvre
La gueule rouge de l'Etna.

En partant du golfe d'Otrante,
  Nous étions trente;
Mais, en arrivant à Cadiz,
  Nous étions dix.

En Calabre, une Tarentaise
Rendit fou Spitafangama;
A Gaëte, Ascagne fut aise
De rencontrer Michellema;
L'amour ouvrit la parenthèse,
Le mariage la ferma.

En partant du golfe d'Otrante,
  Nous étions trente;
Mais, en arrivant à Cadiz,
  Nous étions dix.

A Naple, Ébid, de Macédoine,
Fut pendu; c'était un faquin.
A Capri, l'on nous prit Antoine :
Aux galères pour un sequin !
A Malte, Ofani se fit moine
Et Gobbo se fit arlequin.

En partant du golfe d'Otrante,
  Nous étions trente ;
Mais, en arrivant à Cadiz,
  Nous étions dix.

Autre perte : André, de Pavie,
Pris par les Turcs à Lipari,
Entra, sans en avoir envie,
Au sérail, et, sous cet abri,
Devint vertueux pour la vie,
Ayant été fort amoindri.

En partant du golfe d'Otrante,
  Nous étions trente ;
Mais, en arrivant à Cadiz,
  Nous étions dix.

Puis, trois de nous, que rien ne gêne,
Ni loi, ni Dieu, ni souverain,
Allèrent, pour le prince Eugène
Aussi bien que pour Mazarin,
Aider Fuentes à prendre Gêne
Et d'Harcourt à prendre Turin.

En partant du golfe d'Otrante,
	Nous étions trente ;
Mais, en arrivant à Cadiz,
	Nous étions dix.

Vers Livourne nous rencontrâmes
Les vingt voiles de Spinola.
Quel beau combat ! Quatorze prames
Et six galères étaient là ;
Mais, bah ! rien qu'au bruit de nos rames
Toute la flotte s'envola !

En partant du golfe d'Otrante,
	Nous étions trente ;
Mais, en arrivant à Cadiz,
	Nous étions dix.

A Notre-Dame-de-la-Garde,
Nous eûmes un charmant tableau ;
Lucca Diavolo par mégarde
Prit sa femme à Pier'Angelo ;
Sur ce, l'ange se mit en garde
Et jeta le diable dans l'eau.

En partant du golfe d'Otrante,
    Nous étions trente;
Mais, en arrivant à Cadiz,
    Nous étions dix.

A Palma, pour suivre Pescaire,
Huit nous quittèrent tour à tour;
Mais cela ne nous troubla guère;
On ne s'arrêta pas un jour.
Devant Alger on fit la guerre,
A Gibraltar on fit l'amour.

En partant du golfe d'Otrante,
    Nous étions trente;
Mais, en arrivant à Cadiz,
    Nous étions dix.

A nous dix, nous prîmes la ville;
— Et le roi lui-même! — Après quoi,
Maîtres du port, maîtres de l'île,
Ne sachant qu'en faire, ma foi,
D'une manière très-civile,
Nous rendîmes la ville au roi.

En partant du golfe d'Otrante,
 Nous étions trente ;
Mais, en arrivant à Cadiz,
 Nous étions dix.

On fit ducs et grands de Castille
Mes neuf compagnons de bonheur,
Qui s'en allèrent à Séville
Épouser des dames d'honneur.
Le roi me dit : « Veux-tu ma fille ? »
Et je lui dis : « Merci, seigneur !

En partant du golfe d'Otrante,
 Nous étions trente ;
Mais, en arrivant à Cadiz,
 Nous étions dix.

» J'ai, là-bas, où des flots sans nombre
» Mugissent dans les nuits d'hiver,
» Ma belle farouche à l'œil sombre,
» Au sourire charmant et fier,
» Qui, tous les soirs, chantant dans l'ombre,
» Vient m'attendre au bord de la mer.

En partant du golfe d'Otrante,
 Nous étions trente ;
Mais, en arrivant à Cadiz,
 Nous étions dix.

» J'ai ma Faënzette à Fiesone.
» C'est là que mon cœur est resté.
» Le vent fraîchit, la mer frissonne,
» Je m'en retourne, en vérité !
» O roi ! ta fille a la couronne,
» Mais Faënzette a la beauté ! »

En partant du golfe d'Otrante,
 Nous étions trente ;
Mais, en arrivant à Cadiz,
 Nous étions dix.

XII

DIX-SEPTIÈME SIÈCLE

LES MERCENAIRES

LE RÉGIMENT DU BARON MADRUCE

(GARDE IMPÉRIALE SUISSE)

I

Lorsque le régiment des hallebardiers passe,
L'aigle à deux têtes, l'aigle à la griffe rapace,
L'aigle d'Autriche dit :

> Voilà le régiment
> De mes hallebardiers qui va superbement.

Leurs plumets font venir les filles aux fenêtres ;
Ils marchent droits, tendant la pointe de leurs guêtres ;
Leur pas est si correct, sans tarder ni courir,
Qu'on croit voir des ciseaux se fermer et s'ouvrir.
Et la belle musique, ardente et militaire !
Leur clairon fait sortir une rumeur de terre.
Tout cet éclat de rire orgueilleux et vainqueur
Que le soldat muet refoule dans son cœur,
Étouffé dans les rangs, s'échappe et se délivre
Sous le chapeau chinois aux clochettes de cuivre ;
Le tambour roule avec un faste oriental,
Et vibre, tout tremblant de plaques de métal ;
Si bien qu'on croit entendre en sa voix claire et gaie
Sonner allègrement les sequins de la paie ;
La fanfare s'envole en bruyant falbala.
Quels bons autrichiens que ces étrangers-là !
Gloire aux hallebardiers ! Ils n'ont point de scrupule
Contre la populace et contre la crapule,
Corrigeant dans les gueux mal vêtus la fureur
De venir regarder de trop près l'empereur ;
Autour des archiducs leur pertuisane veille,
Et souvent d'une fête elle revient vermeille,
Ayant fait en passant quelques trous dans la chair
Du bas peuple en haillons qui trouve le pain cher ;
Ils ont un air fâché qui tient la foule en bride ;
Le grand soleil leur creuse aux sourcils une ride ;
Ce régiment est beau sous les armes, rêvant
A la terreur qui suit son drapeau dans le vent ;

Il a, comme un palais, ses tours et sa façade;
Tous sont hardis et forts, du fifre à l'anspessade;
Gloire aux hallebardiers splendides! ces piquiers
Sont une rude pièce aux royaux échiquiers;
On sent que ces gaillards sortent des avalanches
Qui des cols du Malpas roulent jusqu'à Sallenches;
En guerre, au feu, ce sont des tigres pour l'élan;
A Schœnbrunn, chacun d'eux a l'air d'un chambellan;
Auprès de leur cocarde ils piquent une rose;
Et tous, en même temps, graves, ont quelque chose
De froid, de sépulcral, d'altier, de solennel,
Le grand baron Madruce étant leur colonel!
Leur hallebarde est longue et s'ajoute à leur taille;
Quand ce dur régiment est dans une bataille,
— Lâchât-on contre lui les mamelouks du Nil, —
La meute des plus fiers escadrons, le chenil
Des bataillons les plus hideux, les plus épiques,
Regarde en reculant ce sanglier de piques.
Ils sont silencieux comme un nuage noir;
Ils laissent seulement, par instants, entrevoir
Une lueur tragique aux multitudes viles;
Parfois, leur humeur change, ils entrent dans les villes,
Ivres et gais, frappant leurs marmites de fer,
Et font devant le seuil des maisons un bruit fier,
Heureux, vainqueurs, sanglants, chantant à pleine bouche
La noce de la joie et du sabre farouche;
Ils ont nommé, tuant, mourant pour de l'argent,
Trépas, leur capitaine, et Danger, leur sergent;

Ils traînent dans leurs rangs, avec gloire et furie,
Comme un trophée utile à mettre en batterie,
Six canons qu'a pleurés monsieur de Brandebourg ;
Comme ils vous font japper cela contre un faubourg !
Comme ils en ont craché naguère la volée
Sur Comorn, la Hongrie étant démuselée !
Et comme ils ont troué de boulets le manteau
De Vérone, livrée au feu par Colalto !
Les déclarations de guerre les font rire ;
Ils signent ce qu'il plaît à l'empereur d'écrire ;
Sous les puissants édits, sous les rescrits altiers,
Au bas des hauts décrets, ils mettent volontiers
Ce grand paraphe obscur qu'on nomme la mêlée ;
Leur bannière à longs plis, toute bariolée,
Est une glorieuse et fait claquer son fouet ;
Wallstein, comme une foudre au poing, les secouait ;
Leur mode est d'envoyer la bombe en ambassade ;
Ils sont pour l'ennemi de mine si maussade
Que s'ils allaient un jour, sur la terre ou la mer,
Guerroyer quelque prince allié de l'enfer,
Rien qu'en apercevant leurs profils sous le feutre,
Satan se sentirait le goût de rester neutre.
Aussi, lourde est la solde et riche est le loyer.
Quand on veut des héros, il faut les bien payer.
On n'a point vu, depuis Boleslas Lèvre-Torte,
Une bande de gens de bataille plus forte
Et des alignements d'estafiers plus hagards ;
Max en fait cas, Tilly pour eux a des égards,

Fritz les aime ; en voyant ces moustaches féroces,
Les femmes de la cour ont peur dans leurs carrosses,
Et disent : « Qu'ils sont beaux ! » Leurs os sont de granit ;
L'électeur de Mayence en passant les bénit,
Et l'abbé de Fulda leur rit dans sa simarre ;
Leur habit est d'un drap cramoisi, que chamarre
Un galon triomphal, auguste, étincelant ;
Ils ont deux frocs de guerre, un jaune et l'autre blanc ;
Sur le jaune, l'or brille et largement éclate ;
Quand ils portent le blanc sur la veste écarlate,
Car la pompe des cours aime ce train changeant,
On leur voit sur le corps ruisseler tant d'argent
Que ces fils des glaciers semblent couverts de givre.
Une troupe d'enfants s'extasie à les suivre.
Ils gardent à Schœnbrunn le secret corridor.
Sur l'épaule, en brocart brodé de pourpre et d'or,
Ils ont, quoique plus d'un soit hérétique en somme,
Le blason de l'empire et le blason de Rome ;
Mais leur cœur huguenot sans courroux le subit,
Et, quand l'âge ou la guerre ont usé leur habit,
Et qu'il faut au Prater devant des rois paraître,
Chacun d'eux, devenu bon tailleur de bon reître,
S'accroupit, prend l'aiguille, et remet en état
L'écusson orthodoxe à son dos apostat.
Ce sont de braves gens. Jamais ils ne vacillent.
En longs buissons mouvants leurs hallebardes brillent.
A Prague, à Parme, à Pesth, devant Mariendal,
Ils soutiennent le vaste empereur féodal ;

La révolte autour d'eux se brise, échoue et sombre ;
Ils ont le flamboiement, l'ordre et l'épaisseur sombre ;
Le vertige me prend moi-même dans les airs
En regardant marcher cette forêt d'éclairs.

II

Lorsque le régiment des hallebardiers passe,
L'aigle montagnard, l'aigle orageux de l'espace,
Qui parle au précipice et que le gouffre entend,
Et qui plane au-dessus des trônes, emportant
Dans le ciel, son pays, la liberté, sa proie ;
Le sublime témoin du soleil qui flamboie,

L'aigle des Alpes, roi du pic et du hallier,
Dresse la tête au bruit de ce pas régulier,
Et crie, et jusqu'au ciel sa voix hautaine monte :

O chute ! ignominie ! inexprimable honte !
Ces marcheurs alignés, ces êtres qui vont là
En pompe impériale, en housse de gala,
Ce sont de libres fils de ma libre montagne !
Ah ! les bassets en laisse et les forçats au bagne
Sont grands, sont purs, sont fiers, sont beaux et glorieux
Près de ceux-ci, qui, nés dans les lieux sérieux
Où comme des roseaux les hauts mélèzes ploient,
Fils des rochers sacrés et terribles, emploient
La fermeté du pied dans les cols périlleux,
Le mystérieux sang des mères aux yeux bleus,
L'audace dont l'autan nous emplit les narines,
Le divin gonflement de l'air dans les poitrines,
La grâce des ravins couronnés de bouquets,
Et la force des monts, à se faire laquais !
La contrée affranchie et joyeuse, matrice
De l'idée indomptable, âpre et libératrice,
La patrie au flanc rude, aux bons pics arrogants,
Qui portait les héros mêlés aux ouragans,
Douce, délivrant l'homme et délivrant la bête,
Sauvage, ayant le bruit des chutes d'eau pour fête

Et la sereine horreur des antres pour palais,
La terre qui nous montre au milieu des chalets
Le fier archer d'Altorf tenant son arbalète,
Et, titan, au-dessus du lac qui le reflète,
Enjambant les grands monts comme des escaliers,
La voilà maintenant nourrice de geôliers,
Et l'on voit pendre ensemble à ses sombres mamelles
La honte avec la gloire, ainsi que deux jumelles !
L'aigle à deux fronts, marqué de son double soufflet,
A cette heure à travers nos pâtres boit son lait !

Quoi ! la trompe d'Uri sonnant de roche en roche,
La couronne de fer qu'un montagnard décroche,
Les baillis jetés bas, le Föhn soufflant dix mois,
Ces pentes de granit où saute le chamois
Et qui firent glisser Charles le Téméraire,
Le Mont-Blanc qui ne dit qu'à l'Himalaya : Frère !
Ces sommets, éclatants comme d'énormes lys ;
Quoi ! le Pilate, quoi ! le Rigi, quoi ! Titlis,
Ce triangle hideux de géants noirs, qui cerne
Et qui garde le lac tragique de Lucerne ;
Quoi ! la vaste gaîté des nuages, des fleurs,
Des eaux, des ouragans puissants et querelleurs ;
Quoi ! l'honneur, quoi ! l'épieu de Sempach, la cognée
De Morat bondissant hors des bois indignée,

La faux de Morgarten, la fourche de Granson ;
La rudesse du roc, la fierté du buisson ;
Ces cris, ces feux de paille allumés sur les faîtes ;
Quoi ! sur l'affreux faisceau des lances stupéfaites
L'immense éventrement de Winkelried joyeux ;
Quoi ! les filles d'Albis, anges aux chastes yeux,
Les grandes mers de glace et leurs ondes muettes,
Les porches d'ombre où fuit le vol des gypaëtes,
Quoi ! l'homme affranchi, quoi ! ces serments, cette foi,
Le bâton paysan brisant le glaive roi,
Quoi ! dans l'altier sursaut de la vengeance austère,
Comme la vieille France a chassé l'Angleterre,
L'Helvétie en fureur chassant l'Autrichien,
Et l'empereur, cet ours, et l'archiduc, ce chien,
T'ayant pour Jeanne d'Arc, ô Jungfrau formidable ;
Quoi ! toute cette histoire auguste, inabordable,
Escarpée, au front haut, au chant libre, à l'œil clair,
Blanche comme la neige, âpre comme l'hiver,
Et du farouche vent des cimes enivrée,
Terre et cieux ! aboutit à la Suisse en livrée !

Est-ce que le Mont-Blanc ne va pas se lever ?
Ah ! ceci va plus loin qu'on ne pourrait rêver !
Plus loin qu'on ne pourrait calomnier ! Oui, certes,
L'indépendance, errant dans nos gorges désertes,

Franche et vraie, et riant sous le ciel pluvieux,
A des ennemis; certe, elle a des envieux ;
Ces menteurs ont construit bien des choses contre elle ;
Chaque jour, leur amère et lugubre querelle
Imagine une boue à lui jeter au front,
Et cherche quelque forme horrible de l'affront ;
Ils ont contre sa vieille et vénérable gloire
Tout fait, tout publié, tout dit, tout semblé croire,
Ils ont tout supposé, tout vomi, tout bavé,
Mais cela cependant, ils ne l'ont pas trouvé ;
Non, il n'en est pas un qui, dans sa rage, invente
La liberté s'offrant aux rois comme servante !

Qu'est-ce que nous allons devenir maintenant ?
Devant ce résultat lugubre et surprenant,
Qu'est-ce qu'on va penser de nous, chênes, mélèzes,
Lacs qui vous insurgez sous les rudes falaises,
Granits qui des géants semblez le dur talon ?
Qu'est-ce qu'on va penser de toi, fauve aquilon ?
Qu'est-ce qu'on va penser de votre miel, abeilles ?
Comme vous aurez honte, ô douces fleurs vermeilles,
Œillets, jasmins, d'avoir connu ces hommes-ci !

Puisque l'opprobre riche est par vos cœurs choisi,
Puisque c'est vous qu'on voit vêtus de l'or des princes,
Superbement hideux et gardeurs de provinces,
Pâtres, soyez maudits. Oh ! vous étiez si beaux,
Honnêtes, en haillons, et libres, en sabots !

Auriez-vous donc besoin de faste? Est-ce la pompe
Des parades, des cours, des galas qui vous trompe?
Mais alors, regardez. Est-ce que mes vallons
N'ont pas les torrents blancs d'écume pour galons?
Mai brode à mes rochers la passementerie
Des perles de rosée et des fleurs de prairie ;
Mes vieux monts pour dorure ont le soleil levant ;
Et chacun d'eux, brumeux, branle un panache au vent
D'où sort le roulement sinistre des tonnerres ;
S'il vous faut, au milieu des forêts centenaires,
Une livrée, à vous les voisins du ciel bleu,
Pourquoi celle des rois, ayant celle de Dieu?
Ah ! vous raccommodez vos habits ! vos aiguilles,
Sœurs des sabres vendus, indigneraient des filles !
Ah ! vous raccommodez vos habits ! Venez voir,
Quand la saison commence à venter, à pleuvoir,
Comment l'altier Pelvoux, vieillard à tête blanche,
Sait, tout déguenillé de grêle et d'avalanche,
Mettre à ses cieux troués une pièce d'azur,

Et, croisant les genoux dans quelque gouffre obscur,
Tranquille, se servir de l'éclair pour recoudre
Sa robe de nuée et son manteau de foudre!

Sur la terre où tout jette un miasme empoisonneur,
Où même cet instinct qu'on appelle l'honneur
De pente en pente au fond de la bassesse glisse,
Il n'est qu'un peuple libre, un montagnard, la Suisse;
Tous les autres, ramant l'ombre des deux côtés,
Sont les galériens des blêmes royautés;
Or, les rois ont eu l'art de mettre en équilibre
Les pauvres peuples serfs avec le peuple libre,
Et font garder, afin que l'ordre soit complet,
Les esclaves, forçats, par le libre, valet.

Et dire que la Suisse eut jadis l'envergure
D'un peuple qui se lève et qui se transfigure!
O vils marchands d'eux-même! immonde abaissement!
Leur enfance a reçu ce haut enseignement
Qu'un peuple s'affranchit, c'est-à-dire se crée,
Par la révolte sainte et l'émeute sacrée,
Qu'il faut rompre ses fers, vaincre, et que le lion

Superbe, pour crinière a la rébellion ;
C'est leur dogme. A cette heure, ils ont dans leur service
De punir dans autrui leur vertu comme un vice ;
Ils le font. Les voici prêtant main-forte aux rois
Contre un Sempach lombard, contre un Morat hongrois !
Si bien que maintenant, c'est fini. Nous en sommes
A cette indignité qu'en tout pays les hommes
Entendent l'Helvétie, en des coins ténébreux,
Chuchoter, proposant à leurs maîtres contre eux
Ses archers, d'autant plus lâches qu'ils sont plus braves,
Fille publique auprès des nations esclaves ;
Et que le despotisme, habile à tout plier,
Met au monde un carcan, à la Suisse un collier !

Donc, César vous admet dans ses royaux repaires ;
César daigne oublier que vous avez pour pères
Tous nos vieux héros, purs comme le firmament ;
Même un peu de pardon se mêle à son paiement ;
L'iniquité, le dol, le mal, la tyrannie,
Vous font grâce, et, riant, vous laissent l'ironie
De leur porte à défendre, et d'un tambour honteux
Et d'un clairon abject à sonner devant eux !

Hélas! n'eût-on pas cru ces monts invulnérables!

Oh! comme vous voilà fourvoyés, misérables!
D'où venez-vous? De Pesth. Et qu'avez-vous fait là?
L'aigle à deux fronts, sur qui Guillaume Tell souffla,
Suivait vos bataillons de son regard oblique;
Trois ans d'atrocité sur la place publique,
Trois ans de coups de hache et de barres de fer,
Les billots, les bûchers, les fourches, tout l'enfer,
Les supplices hurlant dans la brume hagarde,
C'est là ce que l'Autriche a mis sous votre garde.
Devant vous, on tuait le juste et l'innocent,
Les coudes des bourreaux étaient rouges de sang,
Les glaives s'ébréchaient sur les nuques, la corde
Coupait d'un hoquet noir le cri : Miséricorde!
On prodiguait au bois en feu plus de vivants
Qu'il n'en pouvait brûler, même aidé par les vents,
On mêlait le héros dans la flamme à l'apôtre,
L'un n'était pas fini que l'on commençait l'autre,
Les têtes des plus saints et des plus vénérés
Pourrissaient au soleil au bout des pieux ferrés,
On marquait d'un fer chaud le sein fumant des femmes,
On rouait des vieillards, et vous êtes infâmes.
Voilà ce que je dis, moi, l'aigle pour de bon.

Le fourbe Gaïnas et le louche Bourbon
N'ont trahi que des rois dans leur noirceur profonde,
Mais vous, vous trahissez la liberté du monde;
Votre fanfare sort du charnier, vos tambours
Sont pleins du cri des morts dénonçant les Habsbourgs;
Et, lorsque vous croyez chanter dans la trompette,
Ce chant joyeux, la tombe en sanglot le répète.
Forçant Mantoue, à Pesth aidant le coutelas,
Buquoy, Mozellani, Londorone, Galas,
Sont vos chefs; vous avez, reîtres, fait une espèce
De hauts faits et d'exploits dont la fange est épaisse;
A Bergame, à Pavie, à Crême, à Guastalla,
Vous témoins, vous présents, vous mettant le holà,
A la sainte Italie on lisait sa sentence;
On promenait de rue en rue une potence,
Et, vous, vous escortiez la charrette; et ceci
Ne vous quittera plus, et sans fin ni merci
Ce souvenir vous suit, étant de la nuit noire;
O malheureux! vos noms traverseront l'histoire
A jamais balafrés par l'ombre qui tombait
Sur vos drapeaux des bras difformes du gibet.

Deuil sans fond! c'est l'honneur de leur pays qu'ils tuent;
En se prostituant, c'est moi qu'ils prostituent;
Nos vieux pins ont fourni leurs piques dont l'acier

Apporte dans l'égout le reflet du glacier ;
Ils traînent avec eux la Suisse, quoi qu'on dise ;
Et les pâles aïeux sont dans leur bâtardise ;
Nos héros sont mêlés à leurs rangs, nos grands noms
Sont de leurs lâchetés parents et compagnons,
De sorte que, dans l'ombre où César supplicie
Le Salzbourg, la Hongrie aux fers, la Dalmatie,
Quand Fritz jette au bûcher le Tyrol prisonnier,
Quand Jean lie au poteau l'Alsace, quand Reynier
Bat de verges Crémone échevelée et nue,
Quand Rodolphe après Jean et Reynier continue,
Quand Mathias livre Ancône au sabre du hulan,
Quand Albrecht Dent-de-Fer exécute Milan,
Autour des nations qui râlent sur la claie,
Furst, et Guillaume Tell, et Melchthal font la haie !

Est-ce qu'ils oseront rentrer sur nos hauteurs,
Ces anciens laboureurs et ces anciens pasteurs
Que l'Autriche aujourd'hui caserne dans ses bouges ?
Est-ce qu'ils reviendront avec leurs habits rouges,
Portant sur leur front morne et dans leur œil fatal
La domesticité monstrueuse du mal ?
S'ils osent revenir, si, pour faveur dernière,
L'Autriche leur permet d'emporter sa bannière,
S'ils rentrent dans nos monts avec cet étendard
Dont l'ombre fait d'un homme et d'un pâtre un soudard,

Oh! quelle auge de porcs, quelle cuve de fange,
Quelle étable inouïe, épouvantable, étrange,
Femmes, essuierez-vous avec ce drapeau-là?
Jamais dans plus de nuit un peuple ne croula.
Désespoir! désespoir de voir mes Alpes sombres
Honteuses, projeter leurs gigantesques ombres
Jusque dans l'antichambre infâme des tyrans!
Cieux profonds, purs azurs sacrés et fulgurants,
Laissez-moi m'en aller dans vos gouffres sublimes!
Que je perde de vue, au fond des clairs abîmes,
La terre, et l'homme, acteur féroce ou vil témoin!
O sombre immensité, laisse-moi fuir si loin
Que je voie, à travers tes prodigieux voiles,
Décroître le soleil et grandir les étoiles!

*

Aigle, ne t'en va pas; reste aux Alpes uni,
Et reprends confiance, au seuil de l'infini,
Aigle, dans la candeur des neiges éternelles;
Ne t'en va pas; et laisse en tes glauques prunelles
Les foudres apaisés redevenir rayons;
Penchons-nous, moins amers, sur ce que nous voyons;
La faute est sur les temps et n'est pas sur les hommes.

Un flamboiement sinistre emporte les Sodomes,
Tout est dit. Mais la Suisse au-dessus de l'affront
Gardera l'auréole altière de son front;
Car c'est la roche avec de la bonté pétrie,
C'est la grande montagne et la grande patrie,

C'est la terre sereine assise près du ciel ;
C'est elle qui, gardant pour les pâtres le miel,
Fit connaître l'abeille aux rois par les piqûres ;
C'est elle qui, parmi les nations obscures,
La première alluma sa lampe dans la nuit ;
Le cri de délivrance est fait avec son bruit ;
Le mot Liberté semble une voix naturelle
De ses prés sous l'azur, de ses lacs sous la grêle,
Et tout dans ses monts, l'air, la terre, l'eau, le feu,
Le dit avec l'accent dont le prononce Dieu !
Au-dessus des palais de tous les rois ensemble,
La pauvre vieille Suisse, où le rameau seul tremble,
Tranquille, élèvera toujours sur l'horizon
Les pignons effrayants de sa haute maison.
Rien ne ternit ces pics que la tempête lave,
Volcans de neige ayant la lumière pour lave,
Qui versent sur l'Europe un long ruissellement
De courage, de foi, d'honneur, de dévouement,
Et semblent sur la terre une chaîne d'exemples ;
Toujours ces monts auront des figures de temples.
Qu'est-ce qu'un peu de fange humaine jaillissant
Vers ces sublimités d'où la clarté descend ?
Ces pics sont la ruine énorme des vieux âges
Où les hommes vivaient bons, aimants, simples, sages ;
Débris du chaste éden par la paix habité,
Ils sont beaux ; de l'aurore et de la vérité
Ils sont la colossale et splendide masure ;
Où tombe le flocon que fait l'éclaboussure ?

Qu'importe un jour de deuil quand, sous l'œil éternel,
Ce que noircit la terre est blanchi par le ciel?

L'homme s'est vendu. Soit. A-t-on dans le louage
Compris le lac, le bois, la ronce, le nuage?
La nature revient, germe, fleurit, dissout,
Féconde, croît, décroît, rit, passe, efface tout.
La Suisse est toujours là, libre. Prend-on au piége
Le précipice, l'ombre et la bise et la neige?
Signe-t-on des marchés dans lesquels il soit dit
Que l'Orteler s'enrôle et devient un bandit?
Quel poing cyclopéen, dites, ô roches noires,
Pourra briser la Dent de Morcle en vos mâchoires?
Quel assembleur de bœufs pourra forger un joug
Qui du pic de Glaris aille au piton de Zoug?
C'est naturellement que les monts sont fidèles
Et purs, ayant la forme âpre des citadelles,
Ayant reçu de Dieu des créneaux où, le soir,
L'homme peut, d'embrasure en embrasure, voir
Étinceler le fer de lance des étoiles.
Est-il une araignée, aigle, qui dans ses toiles
Puisse prendre la trombe et la rafale et toi?
Quel chef recrutera le Salève? à quel roi
Le Mythen dira-t-il : « Sire, je vais descendre! »
Qu'après avoir dompté l'Athos, quelque Alexandre,

Sorte de héros monstre aux cornes de taureau,
Aille donc relever sa robe à la Jungfrau !
Comme la vierge, ayant l'ouragan sur l'épaule,
Crachera l'avalanche à la face du drôle !

Aigle, ne maudis pas, au nom des clairs torrents,
Les tristes hommes, fous, aveugles, ignorants.
Puis, est-ce pour jamais qu'on embauche les hommes ?
Non, non. Les Alpes sont plus fortes que les Romes ;
Le pays tire à lui l'humble pâtre pleurant ;
Et, si César l'a pris, le Mont-Blanc le reprend.

Non, rien n'est mort ici. Tout grandit, et s'en vante.
L'Helvétie est sacrée et la Suisse est vivante ;
Ces monts sont des héros et des religieux ;
Cette nappe de neige aux plis prodigieux
D'où jaillit, lorsqu'en mai la tiède brise ondoie,
Toute une floraison folle d'air et de joie,
Et d'où sortent des lacs et des flots murmurants,
N'est le linceul de rien, excepté des tyrans.

Gloire aux monts ! leur front brille et la nuit se dissipe.
C'est plus que le matin qui luit ; c'est un principe !
Ces mystérieux jours blanchissant les hauteurs,
Qu'on prend pour des rayons, sont des libérateurs;
Toujours aux fiers sommets ces aubes sont données :
Aux Alpes Stauffacher, Pélage aux Pyrénées !

La Suisse dans l'histoire aura le dernier mot
Puisqu'elle est deux fois grande, étant pauvre, et là-haut;
Puisqu'elle a sa montagne et qu'elle a sa cabane.
La houlette de Schwitz qu'une vierge enrubanne,
Fière, et, quand il le faut, se hérissant de clous,
Chasse les rois ainsi qu'elle chasse les loups.
Gloire au chaste pays que le Léman arrose !
A l'ombre de Melchthal, à l'ombre du Mont-Rose,
La Suisse trait sa vache et vit paisiblement.
Sa blanche liberté s'adosse au firmament.

Le soleil, quand il vient dorer une chaumière,
Fait que le toit de paille est un toit de lumière ;
Telle est la Suisse, ayant l'honneur dans ses prés verts,
Et de son indigence éclairant l'univers.

Tant que les nations garderont leurs frontières,
La Suisse éclatera parmi les plus altières ;
Quand les peuples riront et s'embrasseront tous,
La Suisse sera douce au milieu des plus doux.

Suisse ! à l'heure où l'Europe enfin marchera seule,
Tu verras accourir vers toi, sévère aïeule,
La jeune Humanité sous son chapeau de fleurs ;
Tes hommes bons seront chers aux hommes meilleurs ;
Les fléaux disparus, faux dieu, faux roi, faux prêtre,
Laisseront le front blanc de la paix apparaître ;
Et les peuples viendront en foule te bénir,
Quand la guerre mourra, quand, devant l'avenir,
On verra, dans l'horreur des tourbillons funèbres,
Se hâter pêle-mêle au milieu des ténèbres,
Comme d'affreux oiseaux heurtant leurs ailerons,
Une fuite effrénée et noire de clairons !

En attendant, la Suisse a dit au monde : Espère !
Elle a de la vieille hydre effrayé le repaire ;
Ce qu'elle a fait jadis, pour les siècles est fait ;
La façon dont la Suisse à Sempach triomphait

Reste la grande audace et la grande manière
D'attaquer une bête au fond de sa tanière.
Tous ses nuages, blancs ou noirs, sont des drapeaux.
L'exemple, c'est le fait dans sa gloire, au repos,
Qui charge lentement les cœurs et recommence ;
Melchthal, grave et penché sur le monde, ensemence.

Un jour, à Bâle, Albrecht, l'empereur triomphant,
Vit une jeune mère auprès d'un jeune enfant ;
La mère était charmante ; elle semblait encore,
Comme l'enfant, sortie à peine de l'aurore ;
L'empereur écouta de près leurs doux ébats,
Et la mère disait à son enfant tout bas :
« Fils, quand tu seras grand, meurs pour la bonne cause ! »
Oh ! rien ne flétrira cette feuille de rose !
Toujours le despotisme en sentira le pli.
Toujours les mains prêtant le serment du Grutli
Apparaîtront en rêve au peuple en léthargie ;
Toujours les oppresseurs auront, dans leur orgie,
Sur la lividité de leur face l'effroi
Du tocsin qu'Unterwald cache dans son beffroi.
Tant que les nations au joug seront nouées,
Tant que l'aigle à deux becs sera dans les nuées,
Tant que dans le brouillard des montagnes l'éclair
Ebauchera le spectre insolent de Gessler,

On verra Tell songer dans quelque coin terrible ;
Et les iniquités, la violence horrible,
La fraude, le pouvoir du vainqueur meurtrier,
Cibles noires, craindront cet arbalétrier.
Assis à leur souper, car c'est leur crépuscule,
Et le jour qui pour nous monte, pour eux recule,
Les satrapes seront éblouissants à voir,
Raillant la conscience, insultant le devoir,
Mangeant dans les plats d'or et les coupes d'opales,
Joyeux ; mais par instants ils deviendront tout pâles,
Feront taire l'orchestre, et, la sueur au front,
Penchés, se parlant bas, tremblants, regarderont
S'il n'est pas quelque part, là, derrière la table,
Calme, et serrant l'écrou de son arc redoutable.
Pourtant il se pourra qu'à de certains moments,
Dans les satiétés et les enivrements,
Ils se disent : « Les yeux n'ont plus rien de sévère ;
Guillaume Tell est mort. » Ils rempliront leur verre,
Et le monde comme eux oubliera. Tout à coup,
A travers les fléaux et les crimes debout,
Et l'ombre, et l'esclavage, et les hontes sans nombre,
On entendra siffler la grande flèche sombre.

Oui, c'est là la foi sainte, et, quand nous étouffons,
Dieu nous fait respirer par ces pensers profonds.

Au-dessus des tyrans l'histoire est abondante
En spectres que du doigt Tacite montre à Dante ;
Tous ces fantômes sont la liberté planant,
Et toujours prête à dire aux hommes : « Maintenant ! »
Et, depuis Padrona Kalil aux jambes nues
Jusqu'à Franklin ôtant le tonnerre des nues,
Depuis Léonidas jusqu'à Kosciuzko,
Le cri des uns du cri des autres est l'écho.
Oui, sur vos actions, de tant de deuil mêlées,
Multipliez les plis des pourpres étoilées,
Ayez pour vous l'oracle, et Delphe avec Endor,
Maîtres ; riez, le front coiffé du laurier d'or,
Aux pieds de la fortune infâme et colossale ;
Tout à coup Botzaris entrera dans la salle,
Byron se dressera, le poëte héros,
Tzavellas, indigné du succès des bourreaux,
Soufflettera le groupe effaré des victoires ;
Et l'on verra surgir au-dessus de vos gloires
L'effrayant avoyer Gundoldingen, cassant
Sur César le sapin des Alpes teint de sang !

XIII

MAINTENANT

I

APRÈS LA BATAILLE

Mon père, ce héros au sourire si doux,
Suivi d'un seul housard qu'il aimait entre tous
Pour sa grande bravoure et pour sa haute taille,
Parcourait à cheval, le soir d'une bataille,
Le champ couvert de morts sur qui tombait la nuit.
Il lui sembla dans l'ombre entendre un faible bruit.
C'était un Espagnol de l'armée en déroute
Qui se traînait sanglant sur le bord de la route,

Râlant, brisé, livide, et mort plus qu'à moitié,
Et qui disait : « A boire ! à boire par pitié ! »
Mon père, ému, tendit à son housard fidèle
Une gourde de rhum qui pendait à sa selle,
Et dit : « Tiens, donne à boire à ce pauvre blessé. »
Tout à coup, au moment où le housard baissé
Se penchait vers lui, l'homme, une espèce de maure,
Saisit un pistolet qu'il étreignait encore,
Et vise au front mon père en criant : « Caramba ! »
Le coup passa si près, que le chapeau tomba
Et que le cheval fit un écart en arrière.
« Donne-lui tout de même à boire, » dit mon père.

II

LE CRAPAUD

Que savons-nous? Qui donc connaît le fond des choses?
Le couchant rayonnait dans les nuages roses;
C'était la fin d'un jour d'orage, et l'occident
Changeait l'ondée en flamme en son brasier ardent;
Près d'une ornière, au bord d'une flaque de pluie,
Un crapaud regardait le ciel, bête éblouie;
Grave, il songeait; l'horreur contemplait la splendeur.
(Oh! pourquoi la souffrance et pourquoi la laideur?

Hélas! le bas-empire est couvert d'Augustules,
Les césars de forfaits, les crapauds de pustules,
Comme le pré de fleurs et le ciel de soleils.)
Les feuilles s'empourpraient dans les arbres vermeils;
L'eau miroitait, mêlée à l'herbe, dans l'ornière :
Le soir se déployait ainsi qu'une bannière;
L'oiseau baissait la voix dans le jour affaibli;
Tout s'apaisait, dans l'air, sur l'onde; et, plein d'oubli,
Le crapaud, sans effroi, sans honte, sans colère,
Doux, regardait la grande auréole solaire;
Peut-être le maudit se sentait-il béni;
Pas de bête qui n'ait un reflet d'infini;
Pas de prunelle abjecte et vile que ne touche
L'éclair d'en-haut, parfois tendre et parfois farouche;
Pas de monstre chétif, louche, impur, chassieux,
Qui n'ait l'immensité des astres dans les yeux.
Un homme qui passait vit la hideuse bête,
Et, frémissant, lui mit son talon sur la tête;
C'était un prêtre ayant un livre qu'il lisait;
Puis une femme, avec une fleur au corset,
Vint et lui creva l'œil du bout de son ombrelle;
Et le prêtre était vieux, et la femme était belle;
Vinrent quatre écoliers, sereins comme le ciel.
— J'étais enfant, j'étais petit, j'étais cruel; —
Tout homme sur la terre, où l'âme erre asservie,
Peut commencer ainsi le récit de sa vie.
On a le jeu, l'ivresse et l'aube dans les yeux,
On a sa mère, on est des écoliers joyeux,

De petits hommes gais, respirant l'atmosphère
A pleins poumons, aimés, libres, contents, que faire
Sinon de torturer quelque être malheureux?
Le crapaud se traînait au fond du chemin creux.
C'était l'heure où des champs les profondeurs s'azurent;
Fauve, il cherchait la nuit; les enfants l'aperçurent
Et crièrent : « Tuons ce vilain animal,
Et, puisqu'il est si laid, faisons-lui bien du mal! »
Et chacun d'eux, riant, — l'enfant rit quand il tue, —
Se mit à le piquer d'une branche pointue,
Élargissant le trou de l'œil crevé, blessant
Les blessures, ravis, applaudis du passant;
Car les passants riaient; et l'ombre sépulcrale
Couvrait ce noir martyr qui n'a pas même un râle,
Et le sang, sang affreux, de toutes parts coulait
Sur ce pauvre être ayant pour crime d'être laid;
Il fuyait; il avait une patte arrachée;
Un enfant le frappait d'une pelle ébréchée;
Et chaque coup faisait écumer ce proscrit
Qui, même quand le jour sur sa tête sourit,
Même sous le grand ciel, rampe au fond d'une cave;
Et les enfants disaient : « Est-il méchant! il bave! »
Son front saignait, son œil pendait; dans le genêt
Et la ronce, effroyable à voir, il cheminait;
On eût dit qu'il sortait de quelque affreuse serre;
Oh! la sombre action! empirer la misère!
Ajouter de l'horreur à la difformité!
Disloqué, de cailloux en cailloux cahoté,

Il respirait toujours; sans abri, sans asile,
Il rampait; on eût dit que la mort difficile
Le trouvait si hideux qu'elle le refusait;
Les enfants le voulaient saisir dans un lacet,
Mais il leur échappa, glissant le long des haies;
L'ornière était béante, il y traîna ses plaies
Et s'y plongea, sanglant, brisé, le crâne ouvert,
Sentant quelque fraîcheur dans ce cloaque vert,
Lavant la cruauté de l'homme en cette boue;
Et les enfants, avec le printemps sur la joue,
Blonds, charmants, ne s'étaient jamais tant divertis;
Tous parlaient à la fois, et les grands aux petits
Criaient : « Viens voir! dis donc, Adolphe, dis donc, Pierre,
Allons pour l'achever prendre une grosse pierre! »
Tous ensemble, sur l'être au hasard exécré,
Ils fixaient leurs regards, et le désespéré
Regardait s'incliner sur lui ces fronts horribles.
— Hélas! ayons des buts, mais n'ayons pas de cibles;
Quand nous visons un point de l'horizon humain,
Ayons la vie, et non la mort, dans notre main. —
Tous les yeux poursuivaient le crapaud dans la vase;
C'était de la fureur et c'était de l'extase;
Un des enfants revint, apportant un pavé,
Pesant, mais pour le mal aisément soulevé,
Et dit : « Nous allons voir comment cela va faire. »
Or, en ce même instant, juste à ce point de terre,
Le hasard amenait un chariot très-lourd
Traîné par un vieux âne écloppé, maigre et sourd;

LE CRAPAUD.

Cet âne harassé, boiteux et lamentable,
Après un jour de marche approchait de l'étable ;
Il roulait la charrette et portait un panier ;
Chaque pas qu'il faisait semblait l'avant-dernier ;
Cette bête marchait, battue, exténuée ;
Les coups l'enveloppaient ainsi qu'une nuée ;
Il avait dans ses yeux voilés d'une vapeur
Cette stupidité qui peut-être est stupeur,
Et l'ornière était creuse, et si pleine de boue
Et d'un versant si dur, que chaque tour de roue
Était comme un lugubre et rauque arrachement ;
Et l'âne allait geignant et l'ânier blasphémant ;
La route descendait et poussait la bourrique ;
L'âne songeait, passif, sous le fouet, sous la trique,
Dans une profondeur où l'homme ne va pas.

Les enfants, entendant cette roue et ce pas,
Se tournèrent bruyants et virent la charrette :
« Ne mets pas le pavé sur le crapaud. Arrête !
Crièrent-ils. Vois-tu, la voiture descend
Et va passer dessus, c'est bien plus amusant. »

Tous regardaient.

            Soudain, avançant dans l'ornière
Où le monstre attendait sa torture dernière,

L'âne vit le crapaud, et, triste, — hélas! penché
Sur un plus triste, — lourd, rompu, morne, écorché,
Il sembla le flairer avec sa tête basse ;
Ce forçat, ce damné, ce patient, fit grâce ;
Il rassembla sa force éteinte, et, roidissant
Sa chaîne et son licou sur ses muscles en sang,
Résistant à l'ânier qui lui criait : Avance !
Maîtrisant du fardeau l'affreuse connivence,
Avec sa lassitude acceptant le combat,
Tirant le chariot et soulevant le bât,
Hagard, il détourna la roue inexorable,
Laissant derrière lui vivre ce misérable ;
Puis, sous un coup de fouet, il reprit son chemin.
Alors, lâchant la pierre échappée à sa main,
Un des enfants — celui qui conte cette histoire —
Sous la voûte infinie à la fois bleue et noire,
Entendit une voix qui lui disait : Sois bon !

Bonté de l'idiot ! diamant du charbon !
Sainte énigme ! lumière auguste des ténèbres !
Les célestes n'ont rien de plus que les funèbres
Si les funèbres, groupe aveugle et châtié,
Songent, et, n'ayant pas la joie, ont la pitié.
O spectacle sacré ! l'ombre secourant l'ombre,
L'âme obscure venant en aide à l'âme sombre,
Le stupide, attendri, sur l'affreux se penchant ;
Le damné bon faisant rêver l'élu méchant !

L'animal avançant lorsque l'homme recule !
Dans la sérénité du pâle crépuscule,
La brute par moments pense et sent qu'elle est sœur
De la mystérieuse et profonde douceur ;
Il suffit qu'un éclair de grâce brille en elle
Pour qu'elle soit égale à l'étoile éternelle ;
Le baudet qui, rentrant le soir, surchargé, las,
Mourant, sentant saigner ses pauvres sabots plats,
Fait quelques pas de plus, s'écarte et se dérange
Pour ne pas écraser un crapaud dans la fange,
Cet âne abject, souillé, meurtri sous le bâton,
Est plus saint que Socrate et plus grand que Platon.
Tu cherches, philosophe? O penseur, tu médites?
Veux-tu trouver le vrai sous nos brumes maudites?
Crois, pleure, abîme-toi dans l'insondable amour !
Quiconque est bon voit clair dans l'obscur carrefour ;
Quiconque est bon habite un coin du ciel. O sage,
La bonté qui du monde éclaire le visage,
La bonté, ce regard du matin ingénu,
La bonté, pur rayon qui chauffe l'Inconnu,
Instinct qui dans la nuit et dans la souffrance aime,
Est le trait d'union ineffable et suprême
Qui joint, dans l'ombre, hélas! si lugubre souvent,
Le grand ignorant, l'âne, à Dieu, le grand savant.

III

LES PAUVRES GENS

I

Il est nuit. La cabane est pauvre, mais bien close.
Le logis est plein d'ombre, et l'on sent quelque chose
Qui rayonne à travers ce crépuscule obscur.
Des filets de pêcheur sont accrochés au mur.
Au fond, dans l'encoignure où quelque humble vaisselle
Aux planches d'un bahut vaguement étincelle,

On distingue un grand lit aux longs rideaux tombants.
Tout près, un matelas s'étend sur de vieux bancs,
Et cinq petits enfants, nid d'âmes, y sommeillent.
La haute cheminée où quelques flammes veillent
Rougit le plafond sombre, et, le front sur le lit,
Une femme à genoux prie, et songe, et pâlit.
C'est la mère. Elle est seule. Et dehors, blanc d'écume,
Au ciel, aux vents, aux rocs, à la nuit, à la brume,
Le sinistre Océan jette son noir sanglot.

II

L'homme est en mer. Depuis l'enfance matelot,
Il livre au hasard sombre une rude bataille.
Pluie ou bourrasque, il faut qu'il sorte, il faut qu'il aille,
Car les petits enfants ont faim. Il part le soir
Quand l'eau profonde monte aux marches du musoir.
Il gouverne à lui seul sa barque à quatre voiles.
La femme est au logis, cousant les vieilles toiles,
Remmaillant les filets, préparant l'hameçon,
Surveillant l'âtre où bout la soupe de poisson,

Puis priant Dieu sitôt que les cinq enfants dorment.
Lui, seul, battu des flots qui toujours se reforment,
Il s'en va dans l'abîme et s'en va dans la nuit.
Dur labeur ! tout est noir, tout est froid ; rien ne luit.
Dans les brisants, parmi les lames en démence,
L'endroit bon à la pêche, et, sur la mer immense,
Le lieu mobile, obscur, capricieux, changeant,
Où se plaît le poisson aux nageoires d'argent,
Ce n'est qu'un point ; c'est grand deux fois comme la chambre.
Or, la nuit, dans l'ondée et la brume, en décembre,
Pour rencontrer ce point sur le désert mouvant,
Comme il faut calculer la marée et le vent !
Comme il faut combiner sûrement les manœuvres !
Les flots le long du bord glissent, vertes couleuvres ;
Le gouffre roule et tord ses plis démesurés
Et fait râler d'horreur les agrès effarés.
Lui, songe à sa Jeannie au sein des mers glacées,
Et Jeannie en pleurant l'appelle ; et leurs pensées
Se croisent dans la nuit, divins oiseaux du cœur.

III

Elle prie, et la mauve au cri rauque et moqueur
L'importune, et, parmi les écueils en décombres,
L'Océan l'épouvante, et toutes sortes d'ombres
Passent dans son esprit : la mer, les matelots
Emportés à travers la colère des flots.
Et dans sa gaîne, ainsi que le sang dans l'artère,
La froide horloge bat, jetant dans le mystère,
Goutte à goutte, le temps, saisons, printemps, hivers;
Et chaque battement, dans l'énorme univers,
Ouvre aux âmes, essaims d'autours et de colombes,
D'un côté les berceaux et de l'autre les tombes.

Elle songe, elle rêve, — et tant de pauvreté!
Ses petits vont pieds nus l'hiver comme l'été.

Pas de pain de froment. On mange du pain d'orge.
— O Dieu ! le vent rugit comme un soufflet de forge,
La côte fait le bruit d'une enclume, on croit voir
Les constellations fuir dans l'ouragan noir
Comme les tourbillons d'étincelles de l'âtre.
C'est l'heure où, gai danseur, minuit rit et folâtre
Sous le loup de satin qu'illuminent ses yeux,
Et c'est l'heure où minuit, brigand mystérieux,
Voilé d'ombre et de pluie et le front dans la bise,
Prend un pauvre marin frissonnant et le brise
Aux rochers monstrueux apparus brusquement. —
Horreur ! l'homme, dont l'onde éteint le hurlement,
Sent fondre et s'enfoncer le bâtiment qui plonge ;
Il sent s'ouvrir sous lui l'ombre et l'abîme, et songe
Au vieil anneau de fer du quai plein de soleil !

Ces mornes visions troublent son cœur, pareil
A la nuit. Elle tremble et pleure.

IV

                              O pauvres femmes
De pêcheurs ! c'est affreux de se dire : « Mes âmes,
Père, amant, frères, fils, tout ce que j'ai de cher,
C'est là, dans ce chaos ! — mon cœur, mon sang, ma chair ! »
Ciel ! être en proie aux flots, c'est être en proie aux bêtes.
Oh ! songer que l'eau joue avec toutes ces têtes,
Depuis le mousse enfant jusqu'au mari patron,
Et que le vent hagard, soufflant dans son clairon,
Dénoue au-dessus d'eux sa longue et folle tresse,
Et que peut-être ils sont à cette heure en détresse,
Et qu'on ne sait jamais au juste ce qu'ils font,
Et que, pour tenir tête à cette mer sans fond,
A tous ces gouffres d'ombre où ne luit nulle étoile,
Ils n'ont qu'un bout de planche avec un bout de toile !
Souci lugubre ! on court à travers les galets,
Le flot monte, on lui parle, on crie : « Oh ! rends-nous-les ! »

Mais, hélas! que veut-on que dise à la pensée
Toujours sombre, la mer toujours bouleversée!

Jeannie est bien plus triste encor. Son homme est seul!
Seul dans cette âpre nuit! seul sous ce noir linceul!
Pas d'aide. Ses enfants sont trop petits. — O mère!
Tu dis : « S'ils étaient grands! — Leur père est seul! » Chimère!
Plus tard, quand ils seront près du père, et partis,
Tu diras en pleurant : « Oh! s'ils étaient petits! »

V

Elle prend sa lanterne et sa cape. — C'est l'heure
D'aller voir s'il revient, si la mer est meilleure,
S'il fait jour, si la flamme est au mât du signal.
Allons! — Et la voilà qui part. L'air matinal
Ne souffle pas encor. Rien. Pas de ligne blanche
Dans l'espace où le flot des ténèbres s'épanche.

Il pleut. Rien n'est plus noir que la pluie au matin ;
On dirait que le jour tremble et doute, incertain,
Et qu'ainsi que l'enfant, l'aube pleure de naître.
Elle va. L'on ne voit luire aucune fenêtre.

Tout à coup, à ses yeux qui cherchent le chemin,
Avec je ne sais quoi de lugubre et d'humain
Une sombre masure apparaît décrépite ;
Ni lumière, ni feu ; la porte au vent palpite ;
Sur les murs vermoulus branle un toit hasardeux ;
La bise sur ce toit tord des chaumes hideux,
Jaunes, sales, pareils aux grosses eaux d'un fleuve.

« Tiens, je ne pensais plus à cette pauvre veuve,
Dit-elle ; mon mari, l'autre jour, la trouva
Malade et seule ; il faut voir comment elle va. »

Elle frappe à la porte, elle écoute ; personne
Ne répond. Et Jeannie au vent de mer frissonne.

« Malade! et ses enfants! comme c'est mal nourri!
Elle n'en a que deux, mais elle est sans mari. »
Puis, elle frappe encore. « Hé! voisine! » elle appelle.
Et la maison se tait toujours. « Ah! Dieu! dit-elle,
Comme elle dort, qu'il faut l'appeler si longtemps! »
La porte, cette fois, comme si, par instants,
Les objets étaient pris d'une pitié suprême,
Morne, tourna dans l'ombre et s'ouvrit d'elle-même.

VI

Elle entra. Sa lanterne éclaira le dedans
Du noir logis muet au bord des flots grondants.
L'eau tombait du plafond comme des trous d'un crible.

Au fond était couchée une forme terrible;

Une femme immobile et renversée, ayant
Les pieds nus, le regard obscur, l'air effrayant;
Un cadavre; — autrefois, mère joyeuse et forte; —
Le spectre échevelé de la misère morte;
Ce qui reste du pauvre après son long combat.
Elle laissait, parmi la paille du grabat,
Son bras livide et froid et sa main déjà verte
Pendre, et l'horreur sortait de cette bouche ouverte
D'où l'âme en s'enfuyant, sinistre, avait jeté
Ce grand cri de la mort qu'entend l'éternité !

Près du lit où gisait la mère de famille,
Deux tout petits enfants, le garçon et la fille,
Dans le même berceau souriaient endormis.

La mère, se sentant mourir, leur avait mis
Sa mante sur les pieds et sur le corps sa robe,
Afin que, dans cette ombre où la mort nous dérobe,
Ils ne sentissent pas la tiédeur qui décroît,
Et pour qu'ils eussent chaud pendant qu'elle aurait froid.

VII

Comme ils dorment tous deux dans le berceau qui tremble !
Leur haleine est paisible et leur front calme. Il semble
Que rien n'éveillerait ces orphelins dormant,
Pas même le clairon du dernier jugement ;
Car, étant innocents, ils n'ont pas peur du juge.

Et la pluie au dehors gronde comme un déluge.
Du vieux toit crevassé, d'où la rafale sort,
Une goutte parfois tombe sur ce front mort,
Glisse sur cette joue et devient une larme.
La vague sonne ainsi qu'une cloche d'alarme.
La morte écoute l'ombre avec stupidité.
Car le corps, quand l'esprit radieux l'a quitté,
A l'air de chercher l'âme et de rappeler l'ange ;
Il semble qu'on entend ce dialogue étrange

Entre la bouche pâle et l'œil triste et hagard :
« Qu'as-tu fait de ton souffle? — Et toi, de ton regard? »

Hélas ! aimez, vivez, cueillez les primevères,
Dansez, riez, brûlez vos cœurs, videz vos verres.
Comme au sombre Océan arrive tout ruisseau,
Le sort donne pour but au festin, au berceau,
Aux mères adorant l'enfance épanouie,
Aux baisers de la chair dont l'âme est éblouie,
Aux chansons, au sourire, à l'amour frais et beau,
Le refroidissement lugubre du tombeau !

VIII

Qu'est-ce donc que Jeannie a fait chez cette morte?
Sous sa cape aux longs plis qu'est-ce donc qu'elle emporte?
Qu'est-ce donc que Jeannie emporte en s'en allant?
Pourquoi son cœur bat-il? Pourquoi son pas tremblant

Se hâte-t-il ainsi? D'où vient qu'en la ruelle
Elle court, sans oser regarder derrière elle?
Qu'est-ce donc qu'elle cache avec un air troublé
Dans l'ombre, sur son lit? Qu'a-t-elle donc volé?

IX

Quand elle fut rentrée au logis, la falaise
Blanchissait; près du lit elle prit une chaise
Et s'assit toute pâle; on eût dit qu'elle avait
Un remords, et son front tomba sur le chevet,
Et, par instants, à mots entrecoupés, sa bouche
Parlait, pendant qu'au loin grondait la mer farouche.

« — Mon pauvre homme! ah! mon Dieu! que va-t-il dire? il a
Déjà tant de souci! Qu'est-ce que j'ai fait là?
Cinq enfants sur les bras! ce père qui travaille!
Il n'avait pas assez de peine; il faut que j'aille

Lui donner celle-là de plus. — C'est lui? — Non. Rien.
— J'ai mal fait. — S'il me bat, je dirai : Tu fais bien.
— Est-ce lui? — Non.— Tant mieux.— La porte bouge comm
Si l'on entrait. — Mais non. — Voilà-t-il pas, pauvre homme,
Que j'ai peur de le voir rentrer, moi, maintenant! »
Puis elle demeura pensive et frissonnant,
S'enfonçant par degrés dans son angoisse intime,
Perdue en son souci comme dans un abîme,
N'entendant même plus les bruits extérieurs,
Les cormorans qui vont comme de noirs crieurs,
Et l'onde et la marée et le vent en colère.

La porte tout à coup s'ouvrit, bruyante et claire,
Et fit dans la cabane entrer un rayon blanc,
Et le pêcheur, traînant son filet ruisselant,
Joyeux, parut au seuil, et dit : « C'est la marine. »

X

« C'est toi ! » cria Jeannie, et, contre sa poitrine,
Elle prit son mari comme on prend un amant,
Et lui baisa sa veste avec emportement,
Tandis que le marin disait : « Me voici, femme ! »
Et montrait sur son front qu'éclairait l'âtre en flamme
Son cœur bon et content que Jeannie éclairait.
« Je suis volé, dit-il ; la mer, c'est la forêt.
— Quel temps a-t-il fait ? — Dur. — Et la pêche ? — Mauvaise.
Mais, vois-tu, je t'embrasse, et me voilà bien aise.
Je n'ai rien pris du tout. J'ai troué mon filet.
Le diable était caché dans le vent qui soufflait.
Quelle nuit ! Un moment, dans tout ce tintamarre,
J'ai cru que le bateau se couchait, et l'amarre
A cassé. Qu'as-tu fait, toi, pendant ce temps-là ? »
Jeannie eut un frisson dans l'ombre et se troubla.
« — Moi ? dit-elle. Ah ! mon Dieu ! rien, comme à l'ordinaire.
J'ai cousu. J'écoutais la mer comme un tonnerre,

J'avais peur.— Oui, l'hiver est dur, mais c'est égal. »
Alors, tremblante ainsi que ceux qui font le mal,
Elle dit : « A propos, notre voisine est morte.
C'est hier qu'elle a dû mourir, enfin, n'importe,
Dans la soirée, après que vous fûtes partis.
Elle laisse ses deux enfants, qui sont petits.
L'un s'appelle Guillaume et l'autre Madeleine ;
L'un qui ne marche pas, l'autre qui parle à peine.
La pauvre bonne femme était dans le besoin. »

L'homme prit un air grave, et, jetant dans un coin
Son bonnet de forçat mouillé par la tempête :
— Diable ! diable ! dit-il en se grattant la tête,
Nous avions cinq enfants, cela va faire sept.
Déjà, dans la saison mauvaise, on se passait
De souper quelquefois. Comment allons-nous faire ?
Bah ! tant pis ! ce n'est pas ma faute. C'est l'affaire
Du bon Dieu. Ce sont là des accidents profonds.
Pourquoi donc a-t-il pris leur mère à ces chiffons ?
C'est gros comme le poing. Ces choses-là sont rudes.
Il faut pour les comprendre avoir fait ses études.
Si petits ! on ne peut leur dire : Travaillez.
Femme, va les chercher. S'ils se sont réveillés,
Ils doivent avoir peur tout seuls avec la morte.
C'est la mère, vois-tu, qui frappe à notre porte ;

Ouvrons aux deux enfants. Nous les mêlerons tous.
Cela nous grimpera le soir sur les genoux.
Ils vivront, ils seront frère et sœur des cinq autres.
Quand il verra qu'il faut nourrir avec les nôtres
Cette petite fille et ce petit garçon,
Le bon Dieu nous fera prendre plus de poisson.
Moi, je boirai de l'eau, je ferai double tâche.
C'est dit. Va les chercher. Mais qu'as-tu? Ça te fâche?
D'ordinaire, tu cours plus vite que cela.

— Tiens, dit-elle en ouvrant les rideaux, les voilà!

IV

PAROLES DANS L'ÉPREUVE

———

Les hommes d'aujourd'hui qui sont nés quand naissait
Ce siècle, et quand son aile effrayante poussait,
Ou qui, quatre-vingt-neuf dorant leur blonde enfance,
Ont vu la rude attaque et la fière défense,
Et pour musique ont eu les noirs canons béants,
Et pour jeux de grimper aux genoux des géants ;
Ces enfants qui jadis, traînant des cimeterres,
Ont vu partir, chantant, les pâles volontaires,

Et connu des vivants à qui Danton parlait,
Ces hommes ont sucé l'audace avec le lait.
La Révolution, leur tendant sa mamelle,
Leur fit boire une vie où la tombe se mêle,
Et, stoïque, leur mit dans les veines un sang
Qui, lorsqu'il faut sortir et couler, y consent.
Ils tiennent de l'austère et tragique nourrice
L'amour de la blessure et de la cicatrice,
Et, pour trembler, pour fuir, pour suivre qui fuirait,
L'impossibilité de plier le jarret.
Ils pensent que faiblir est chose abominable,
Que l'homme est au devoir, et qu'il est convenable
Que ceux à qui Dieu fit l'honneur de les choisir
Pour vivre dans un temps de risque et de désir,
Marchent, et, courant droit au but qui les réclame,
Désapprennent les pas en arrière à leur âme.
Ils veulent le progrès durement acheté,
Ne tiennent en réserve aucune lâcheté,
Jettent aux profondeurs leurs jours, leur cœur, leur joie,
Ne se rétractent point parce qu'un gouffre aboie,
Vont toujours en avant et toujours devant eux ;
Ils ne sont pas prudents de peur d'être honteux ;
Et disent que le pont où l'on se précipite,
Hardi pour l'abordage, est lâche pour la fuite.
Soi-même se scruter d'un regard inclément,
Être abnégation, martyre, dévouement,
Bouclier pour le faible et pour le destin cible,
Aller, ne se garder aucun retour possible,

Ne jamais se servir pour s'évader d'en haut,
Pour fuir, de ce qui sert pour monter à l'assaut,
Telle est la loi ; la loi du devoir, du Calvaire,
Qui sourit aux vaillants avec son front sévère.
Peuple, homme, esprit humain, avance à pas altiers !
Parmi tous les écueils et dans tous les sentiers,
Dans la société, dans l'art, dans la morale,
Partout où resplendit la lueur aurorale,
Sans jamais t'arrêter, sans hésiter jamais,
Des fanges aux clartés, des gouffres aux sommets,
Va ! la création, cette usine, ce temple,
Cette marche en avant de tout, donne l'exemple !
L'heure est un marcheur calme et providentiel ;
Les fleuves vont aux mers, les oiseaux vont au ciel ;
L'arbre ne rentre pas dans la terre profonde
Parce que le vent souffle et que l'orage gronde ;
Homme, va ! reculer, c'est devant le ciel bleu
La grande trahison que tu peux faire à Dieu.
Nous donc, fils de ce siècle aux vastes entreprises,
Nous qu'emplit le frisson des formidables brises,
Et dont l'ouragan sombre agite les cheveux,
Poussés vers l'idéal par nos maux, par nos vœux,
Nous désirons qu'on ait présent à la mémoire
Que nos pères étaient des conquérants de gloire,
Des chercheurs d'horizons, des gagneurs d'avenir ;
Des amants du péril que savait retenir
Aux âcres voluptés de ses baisers farouches
La grande mort, posant son rire sur leurs bouches ;

Qu'ils étaient les soldats qui n'ont pas déserté,
Les hôtes rugissants de l'antre liberté,
Les titans, les lutteurs aux gigantesques tailles,
Les fauves promeneurs rôdant dans les batailles !
Nous sommes les petits de ces grands lions-là.
Leur trace sur leurs pas toujours nous appela ;
Nous courons ; la souffrance est par nous saluée ;
Nous voyons devant nous là-bas, dans la nuée,
L'âpre avenir à pic, lointain, redouté, doux ;
Nous nous sentons perdus pour nous, gagnés pour tous ;
Nous arrivons au bord du passage terrible ;
Le précipice est là, sourd, obscur, morne, horrible ;
L'épreuve à l'autre bord nous attend ; nous allons,
Nous ne regardons pas derrière nos talons ;
Pâles, nous atteignons l'escarpement sublime ;
Et nous poussons du pied la planche dans l'abîme.

XIV

VINGTIÈME SIÈCLE

I

PLEINE MER

*

L'abîme ; on ne sait quoi de terrible qui gronde ;
Le vent ; l'obscurité vaste comme le monde ;
Partout les flots ; partout où l'œil peut s'enfoncer,
La rafale qu'on voit aller, venir, passer ;
L'onde, linceul ; le ciel, ouverture de tombe ;
Les ténèbres sans l'arche et l'eau sans la colombe ;

Les nuages ayant l'aspect d'une forêt.
Un esprit qui viendrait planer là, ne pourrait
Dire, entre l'eau sans fond et l'espace sans borne,
Lequel est le plus sombre, et si cette horreur morne,
Faite de cécité, de stupeur et de bruit,
Vient de l'immense mer ou de l'immense nuit.

L'œil distingue, au milieu du gouffre où l'air sanglote,
Quelque chose d'informe et de hideux qui flotte,
Un grand cachalot mort à carcasse de fer,
On ne sait quel cadavre à vau-l'eau dans la mer ;
Œuf de titan dont l'homme aurait fait un navire.
Cela vogue, cela nage, cela chavire ;
Cela fut un vaisseau ; l'écume aux blancs amas
Cache et montre à grand bruit les tronçons de sept mâts ;
Le colosse, échoué sur le ventre, fuit, plonge,
S'engloutit, reparaît, se meut comme le songe ;
Chaos d'agrès rompus, de poutres, de haubans ;
Le grand mât vaincu semble un spectre aux bras tombants ;
L'onde passe à travers ce débris ; l'eau s'engage
Et déferle en hurlant le long du bastingage,
Et tourmente des bouts de corde à des crampons
Dans le ruissellement formidable des ponts ;
La houle éperdument furieuse saccage
Aux deux flancs du vaisseau les cintres d'une cage

Où jadis une roue effrayante a tourné ;
Personne ; le néant, froid, muet, étonné ;
D'affreux canons rouillés tendent leurs cous funestes ;
L'entre-pont a des trous où se dressent les restes
De cinq tubes pareils à des clairons géants,
Pleins jadis d'une foudre, et qui, tordus, béants,
Ployés, éteints, n'ont plus, sur l'eau qui les balance,
Qu'un noir vomissement de nuit et de silence ;
Le flux et le reflux, comme avec un rabot,
Dénude à chaque coup l'étrave et l'étambot,
Et dans la lame on voit se débattre l'échine
D'une mystérieuse et difforme machine.
Cette masse sous l'eau rôde, fantôme obscur.
Des putréfactions fermentent, à coup sûr,
Dans ce vaisseau perdu sous les vagues sans nombre ;
Dessus, des tourbillons d'oiseaux de mer ; dans l'ombre,
Dessous, des millions de poissons carnassiers.
Tout à l'entour, les flots, ces liquides aciers,
Mêlent leurs tournoiements monstrueux et livides.
Des espaces déserts sous des espaces vides.
O triste mer ! sépulcre où tout semble vivant !
Ces deux athlètes faits de furie et de vent,
Le tangage qui bave et le roulis qui fume,
Luttant sur ce radeau funèbre dans la brume,
Sans trêve, à chaque instant arrachent quelque éclat
De la quille ou du pont dans leur noir pugilat ;
Par moments, au zénith un nuage se troue,
Un peu de jour lugubre en tombe, et, sur la proue,

Une lueur, qui tremble au souffle de l'autan,
Blême, éclaire à demi ce mot : Léviathan.
Puis l'apparition se perd dans l'eau profonde;
Tout fuit.

Léviathan; c'est là tout le vieux monde,
Apre et démesuré dans sa fauve laideur;
Léviathan, c'est là tout le passé : grandeur,
Horreur.

*

Le dernier siècle a vu sur la Tamise
Croître un monstre à qui l'eau sans bornes fut promise,
Et qui longtemps, Babel des mers, eut Londre entier
Levant les yeux dans l'ombre au pied de son chantier.
Effroyable, à sept mâts mêlant cinq cheminées
Qui hennissaient au choc des vagues effrénées,

Emportant, dans le bruit des aquilons sifflants,
Dix mille hommes, fourmis éparses dans ses flancs,
Ce Titan se rua, joyeux, dans la tempête;
Du dôme de Saint-Paul son mât passait le faîte;
Le sombre esprit humain, debout sur son tillac,
Stupéfiait la mer qui n'était plus qu'un lac;
Le vieillard Océan, qu'effarouche la sonde,
Inquiet, à travers le verre de son onde,
Regardait le vaisseau de l'homme grossissant;
Ce vaisseau fut sur l'onde un terrible passant;
Les vagues frémissaient de l'avoir sur leurs croupes;
Ses sabords mugissaient; en guise de chaloupes,
Deux navires pendaient à ses portemanteaux;
Son armure était faite avec tous les métaux;
Un prodigieux câble ourlait sa grande voile;
Quand il marchait, fumant, grondant, couvert de toile,
Il jetait un tel râle à l'air épouvanté
Que toute l'eau tremblait, et que l'immensité
Comptait parmi ses bruits ce grand frisson sonore;
La nuit, il passait rouge ainsi qu'un météore;
Sa voilure, où l'oreille entendait le débat
Des souffles, subissant ce gréement comme un bât,
Ses hunes, ses grelins, ses palans, ses amures,
Étaient une prison de vents et de murmures;
Son ancre avait le poids d'une tour; ses parois
Voulaient les flots, trouvant tous les ports trop étroits;
Son ombre humiliait au loin toutes les proues;
Un télégraphe était son porte-voix; ses roues

Forgeaient la sombre mer comme deux grands marteaux ;
Les flots se le passaient comme des piédestaux
Où, calme, ondulerait un triomphal colosse ;
L'abîme s'abrégeait sous sa lourdeur véloce ;
Pas de lointain pays qui pour lui ne fût près ;
Madère apercevait ses mâts ; trois jours après,
L'Hékla l'entrevoyait dans la lueur polaire.
La bataille montait sur lui dans sa colère.
La guerre était sacrée et sainte en ce temps-là ;
Rien n'égalait Nemrod si ce n'est Attila ;
Et les hommes, depuis les premiers jours du monde,
Sentant peser sur eux la misère inféconde,
Les pestes, les fléaux lugubres et railleurs,
Cherchant quelque moyen d'amoindrir leurs douleurs,
Pour établir entre eux de justes équilibres,
Pour être plus heureux, meilleurs, plus grands, plus libres,
Plus dignes du ciel pur qui les daigne éclairer,
Avaient imaginé de s'entre-dévorer.
Ce sinistre vaisseau les aidait dans leur œuvre.
Lourd comme le dragon, prompt comme la couleuvre,
Il couvrait l'Océan de ses ailes de feu ;
La terre s'effrayait quand sur l'horizon bleu
Rampait l'allongement hideux de sa fumée,
Car c'était une ville et c'était une armée ;
Ses pavois fourmillaient de mortiers et d'affûts,
Et d'un hérissement de bataillons confus ;
Ses grappins menaçaient ; et, pour les abordages,
On voyait sur ses ponts des rouleaux de cordages

Monstrueux, qui semblaient des boas endormis ;
Invincible, en ces temps de frères ennemis,
Seul, de toute une flotte il affrontait l'émeute,
Ainsi qu'un éléphant au milieu d'une meute ;
La bordée à ses pieds fumait comme un encens,
Ses flancs engloutissaient les boulets impuissants,
Il allait broyant tout dans l'obscure mêlée,
Et, quand, épouvantable, il lâchait sa volée,
On voyait flamboyer son colossal beaupré,
Par deux mille canons brusquement empourpré.
Il méprisait l'autan, le flux, l'éclair, la brume.
A son avant tournait, dans un chaos d'écume,
Une espèce de vrille à trouer l'infini.
Le Malström s'apaisait sous sa quille aplani.
Sa vie intérieure était un incendie ;
Flamme au gré du pilote apaisée ou grandie ;
Dans l'antre d'où sortait son vaste mouvement,
Au fond d'une fournaise on voyait vaguement
Des êtres ténébreux marcher dans des nuées
D'étincelles, parmi les braises remuées ;
Et pour âme il avait dans sa cale un enfer.
Il voguait, roi du gouffre, et ses vergues de fer
Ressemblaient, sous le ciel redoutable et sublime,
A des sceptres posés en travers de l'abîme ;
Ainsi qu'on voit l'Etna l'on voyait ce steamer ;
Il était la montagne errante de la mer ;
Mais les heures, les jours, les mois, les ans, ces ondes,
Ont passé ; l'Océan, vaste, entre les deux mondes,

A rugi, de brouillard et d'orage obscurci ;
La mer a ses écueils cachés, le temps aussi ;
Et maintenant, parmi les profondeurs farouches,
Sous les vautours, qui sont de l'abîme les mouches,
Sous le nuage, au gré des souffles, dans l'oubli
De l'infini, dont l'ombre affreuse est le repli,
Sans que jamais le vent autour d'elle s'endorme,
Au milieu des flots noirs roule l'épave énorme !

*

L'ancien monde, l'ensemble étrange et surprenant
De faits sociaux, morts et pourris maintenant,
D'où sortit ce navire aujourd'hui sous l'écume,
L'ancien monde, aussi, lui, plongé dans l'amertume,
Avait tous les fléaux pour vents et pour typhons.
Construction d'airain aux étages profonds,
Sur qui le mal, flot vil, crachait sa bave infâme,
Plein de fumée, et mû par une hydre de flamme,

La Haine, il ressemblait à ce sombre vaisseau.

Le mal l'avait marqué de son funèbre sceau.

Ce monde, enveloppé d'une brume éternelle,
Était fatal; l'Espoir avait plié son aile;
Pas d'unité; divorce et joug; diversité
De langue, de raison, de code, de cité;
Nul lien, nul faisceau; le progrès solitaire,
Comme un serpent coupé, se tordait sur la terre,
Sans pouvoir réunir les tronçons de l'effort;
L'esclavage, parquant les peuples pour la mort,
Les enfermait au fond d'un cirque de frontières
Où les gardaient la Guerre et la Nuit, bestiaires;
L'Adam slave luttait contre l'Adam germain;
Un genre humain en France, un autre genre humain
En Amérique, un autre à Londre, un autre à Rome;
L'homme au delà d'un pont ne connaissait plus l'homme;
Les vivants, d'ignorance et de vice chargés,
Se traînaient; en travers de tout, les préjugés;
Les superstitions étaient d'âpres enceintes
Terribles d'autant plus qu'elles étaient plus saintes;

Quel créneau soupçonneux et noir qu'un Alcoran !
Un texte avait le glaive au poing comme un tyran ;
La loi d'un peuple était chez l'autre peuple un crime ;
Lire était un fossé, croire était un abîme ;
Les rois étaient des tours ; les dieux étaient des murs ;
Nul moyen de franchir tant d'obstacles obscurs ;
Sitôt qu'on voulait croître, on rencontrait la barre
D'une mode sauvage ou d'un dogme barbare ;
Et, quant à l'avenir, défense d'aller là.

*

Le vent de l'infini sur ce monde souffla.
Il a sombré. Du fond des cieux inaccessibles,
Les vivants de l'éther, les êtres invisibles
Confusément épars sous l'obscur firmament,
A cette heure, pensifs, regardent fixement
Sa disparition dans la nuit redoutable.

Qu'est-ce que le simoun a fait du grain de sable?
Cela fut. C'est passé! cela n'est plus ici.

*

Ce monde est mort. Mais quoi! l'homme est-il mort aussi?
Cette forme de lui disparaissant, l'a-t-elle
Lui-même remporté dans l'énigme éternelle?
L'Océan est désert. Pas une voile au loin.
Ce n'est plus que du flot que le flot est témoin.
Pas un esquif vivant sur l'onde où la mouette
Voit du Léviathan rôder la silhouette.
Est-ce que l'homme, ainsi qu'un feuillage jauni,
S'en est allé dans l'ombre? est-ce que c'est fini?
Seul le flux et reflux va, vient, passe et repasse.
Et l'œil, pour retrouver l'homme absent de l'espace,
Regarde en vain là-bas. Rien.

Regardez là-haut.

II

PLEIN CIEL

*

Loin dans les profondeurs, hors des nuits, hors du flot,
Dans un écartement de nuages, qui laisse
Voir au-dessus des mers la céleste allégresse,
Un point vague et confus apparaît; dans le vent,
Dans l'espace, ce point se meut; il est vivant;
Il va, descend, remonte; il fait ce qu'il veut faire;
Il approche, il prend forme, il vient; c'est une sphère;

C'est un inexprimable et surprenant vaisseau,
Globe comme le monde et comme l'aigle oiseau ;
C'est un navire en marche. Où ? Dans l'éther sublime !

Rêve ! on croit voir planer un morceau d'une cime ;
Le haut d'une montagne a, sous l'orbe étoilé,
Pris des ailes et s'est tout à coup envolé ?
Quelque heure immense étant dans les destins sonnée,
La nue errante s'est en vaisseau façonnée ?
La Fable apparaît-elle à nos yeux décevants ?
L'antique Éole a-t-il jeté son outre aux vents ?
De sorte qu'en ce gouffre où les orages naissent,
Les vents, subitement domptés, la reconnaissent !
Est-ce l'aimant qui s'est fait aider par l'éclair
Pour bâtir un esquif céleste avec de l'air ?
Du haut des clairs azurs vient-il une visite ?
Est-ce un transfiguré qui part et ressuscite,
Qui monte, délivré de la terre, emporté
Sur un char volant fait d'extase et de clarté,
Et se rapproche un peu par instants pour qu'on voie,
Du fond du monde noir, la fuite de sa joie ?

Ce n'est pas un morceau d'une cime ; ce n'est
Ni l'outre où tout le vent de la Fable tenait,
Ni le jeu de l'éclair ; ce n'est pas un fantôme
Venu des profondeurs aurorales du dôme ;

PLEIN CIEL.

Ni le rayonnement d'un ange qui s'en va,
Hors de quelque tombeau béant, vers Jéhovah.
Ni rien de ce qu'en songe ou dans la fièvre on nomme.
Qu'est-ce que ce navire impossible? C'est l'homme.

C'est la grande révolte obéissante à Dieu!
La sainte fausse clef du fatal gouffre bleu!
C'est Isis qui déchire éperdument son voile!
C'est du métal, du bois, du chanvre et de la toile,
C'est de la pesanteur délivrée, et volant;
C'est la force alliée à l'homme étincelant,
Fière, arrachant l'argile à sa chaîne éternelle;
C'est la matière, heureuse, altière, ayant en elle
De l'ouragan humain, et planant à travers
L'immense étonnement des cieux enfin ouverts!

Audace humaine! effort du captif! sainte rage!
Effraction enfin plus forte que la cage!
Que faut-il à cet être, atome au large front,
Pour vaincre ce qui n'a ni fin, ni bord, ni fond,
Pour dompter le vent, trombe, et l'écume, avalanche?
Dans le ciel une toile et sur mer une planche.

Jadis des quatre vents la fureur triomphait ;
De ces quatre chevaux échappés l'homme a fait
    L'attelage de son quadrige ;
Génie, il les tient tous dans sa main, fier cocher
Du char aérien que l'éther voit marcher ;
    Miracle, il gouverne un prodige.

Char merveilleux ! son nom est Délivrance. Il court.
Près de lui le ramier est lent, le flocon lourd ;
    Le daim, l'épervier, la panthère,
Sont encor là, qu'au loin son ombre a déjà fui ;
Et la locomotive est reptile, et, sous lui,
    L'hydre de flamme est ver de terre.

Une musique, un chant, sort de son tourbillon.
Ses cordages vibrants et remplis d'aquilon
      Semblent, dans le vide où tout sombre,
Une lyre à travers laquelle par moment
Passe quelque âme en fuite au fond du firmament
      Et mêlée aux souffles de l'ombre.

Car l'air, c'est l'hymne épars; l'air, parmi les récifs
Des nuages roulant en groupes convulsifs,
      Jette mille voix étouffées ;
Les fluides, l'azur, l'effluve, l'élément,
Sont toute une harmonie où flottent vaguement
      On ne sait quels sombres Orphées.

Superbe, il plane, avec un hymne en ses agrès;
Et l'on croit voir passer la strophe du progrès.
      Il est la nef, il est le phare !
L'homme enfin prend son sceptre et jette son bâton.
Et l'on voit s'envoler le calcul de Newton
      Monté sur l'ode de Pindare.

Le char haletant plonge et s'enfonce dans l'air,
Dans l'éblouissement impénétrable et clair,
    Dans l'éther sans tache et sans ride;
Il se perd sous le bleu des cieux démesurés;
Les esprits de l'azur contemplent effarés
    Cet engloutissement splendide.

Il passe, il n'est plus là; qu'est-il donc devenu?
Il est dans l'invisible, il est dans l'inconnu;
    Il baigne l'homme dans le songe,
Dans le fait, dans le vrai profond, dans la clarté,
Dans l'océan d'en haut plein d'une vérité
    Dont le prêtre a fait un mensonge.

Le jour se lève, il va; le jour s'évanouit,
Il va; fait pour le jour, il accepte la nuit.
    Voici l'heure des feux sans nombre;
L'heure où, vu du nadir, ce globe semble, ayant
Son large cône obscur sous lui se déployant,
    Une énorme comète d'ombre.

La brume redoutable emplit au loin les airs.
Ainsi qu'au crépuscule on voit, le long des mers,
    Le pêcheur, vague comme un rêve,
Traînant, dernier effort d'un long jour de sueurs,
Sa nasse où les poissons font de pâles lueurs,
    Aller et venir sur la grève,

La Nuit tire du fond des gouffres inconnus
Son filet où luit Mars, où rayonne Vénus,
    Et, pendant que les heures sonnent,
Ce filet grandit, monte, emplit le ciel des soirs,
Et dans ses mailles d'ombre et dans ses réseaux noirs
    Les constellations frissonnent.

L'aéroscaphe suit son chemin ; il n'a peur
Ni des piéges du soir, ni de l'âcre vapeur,
    Ni du ciel morne où rien ne bouge,
Où les éclairs, luttant au fond de l'ombre entre eux,
Ouvrent subitement dans le nuage affreux
    Des cavernes de cuivre rouge.

Il invente une route obscure dans les nuits ;
Le silence hideux de ces lieux inouïs
   N'arrête point ce globe en marche ;
Il passe, portant l'homme et l'univers en lui ;
Paix ! gloire ! et, comme l'eau jadis, l'air aujourd'hui
   Au-dessus de ses flots voit l'arche.

Le saint navire court par le vent emporté
Avec la certitude et la rapidité
   Du javelot cherchant la cible ;
Rien n'en tombe, et pourtant il chemine en semant ;
Sa rondeur, qu'on distingue en haut confusément,
   Semble un ventre d'oiseau terrible.

Il vogue ; les brouillards sous lui flottent dissous ;
Ses pilotes penchés regardent, au-dessous
   Des nuages où l'ancre traîne,
Si, dans l'ombre, où la terre avec l'air se confond,
Le sommet du Mont-Blanc ou quelque autre bas-fond
   Ne vient pas heurter sa carène.

*

La vie est sur le pont du navire éclatant.
Le rayon l'envoya, la lumière l'attend.
L'homme y fourmille, l'homme invincible y flamboie ;
Point d'armes ; un fier bruit de puissance et de joie ;
Le cri vertigineux de l'exploration !
Il court, ombre, clarté, chimère, vision !
Regardez-le pendant qu'il passe, il va si vite !

Comme autour d'un soleil un système gravite,
Une sphère de cuivre énorme fait marcher
Quatre globes où pend un immense plancher ;
Elle respire et fuit dans les vents qui la bercent ;
Un large et blanc hunier horizontal, que percent
Des trappes, se fermant, s'ouvrant au gré du frein,
Fait un grand diaphragme à ce poumon d'airain ;

Il s'impose à la nue ainsi qu'à l'onde un liége ;
La toile d'araignée humaine, un vaste piége
De cordes et de nœuds, un enchevêtrement
De soupapes que meut un câble où court l'aimant,
Une embûche de treuils, de cabestans, de moufles,
Prend au passage et fait travailler tous les souffles ;
L'esquif plane, encombré d'hommes et de ballots,
Parmi les arcs-en-ciel, les azurs, les halos,
Et sa course, écheveau qui sans fin se dévide,
A pour point d'appui l'air et pour moteur le vide ;
Sous le plancher s'étage un chaos régulier
De ponts flottants que lie un tremblant escalier ;
Ce navire est un Louvre errant avec son faste ;
Un fil le porte ; il fuit, léger, fier, et si vaste,
Si colossal, au vent du grand abîme clair,
Que le Léviathan, rampant dans l'âpre mer,
A l'air de sa chaloupe aux ténèbres tombée,
Et semble, sous le vol d'un aigle, un scarabée
Se tordant dans le flot qui l'emporte, tandis
Que l'immense oiseau plane au fond d'un paradis.

Si l'on pouvait rouvrir les yeux que le ver ronge,
Oh ! ce vaisseau, construit par le chiffre et le songe,
Éblouirait Shakspeare et ravirait Euler !
Il voyage, Délos gigantesque de l'air,

Et rien ne le repousse et rien ne le refuse ;
Et l'on entend parler sa grande voix confuse.

Par moments la tempête accourt, le ciel pâlit,
L'autan, bouleversant les flots de l'air, emplit
L'espace d'une écume affreuse de nuages ;
Mais qu'importe à l'esquif de la mer sans rivages !
Seulement, sur son aile il se dresse en marchant ;
Il devient formidable à l'abîme méchant,
Et dompte en frémissant la trombe qui se creuse.
On le dirait conduit dans l'horreur ténébreuse
Par l'âme des Leibnitz, des Fultons, des Képlers ;
Et l'on croit voir, parmi le chaos plein d'éclairs,
De détonations, d'ombre et de jets de soufre,
Le sombre emportement d'un monde dans un gouffre.

*

Qu'importe le moment! qu'importe la saison!
La brume peut cacher dans le blême horizon
  Les Saturnes et les Mercures;
La bise, conduisant la pluie aux crins épars,
Dans les nuages lourds grondant de toutes parts,
  Peut tordre des hydres obscures;

Qu'importe! il va. Tout souffle est bon; simoun, mistral!
La terre a disparu dans le puits sidéral.
  Il entre au mystère nocturne;
Au-dessus de la grêle et de l'ouragan fou,
Laissant le globe en bas dans l'ombre, on ne sait où,
  Sous le renversement de l'urne.

Intrépide, il bondit sur les ondes du vent;
Il se rue, aile ouverte et la proue en avant,
    Il monte, il monte, il monte encore,
Au delà de la zone où tout s'évanouit,
Comme s'il s'en allait dans la profonde nuit
    A la poursuite de l'aurore !

Calme, il monte où jamais nuage n'est monté;
Il plane à la hauteur de la sérénité,
    Devant la vision des sphères;
Elles sont là, faisant le mystère éclatant,
Chacune feu d'un gouffre, et toutes constatant
    Les énigmes par les lumières.

Andromède étincelle, Orion resplendit;
L'essaim prodigieux des Pléiades grandit;
    Sirius ouvre son cratère;
Arcturus, oiseau d'or, scintille dans son nid;
Le Scorpion hideux fait cabrer au zénith
    Le poitrail bleu du Sagittaire.

L'aéroscaphe voit, comme en face de lui,
Là-haut, Aldébaran par Céphée ébloui,
    Persée, escarboucle des cimes,
Le chariot polaire aux flamboyants essieux,
Et, plus loin, la lueur lactée, ô sombres cieux,
    La fourmilière des abîmes !

Vers l'apparition terrible des soleils,
Il monte ; dans l'horreur des espaces vermeils,
    Il s'oriente, ouvrant ses voiles ;
On croirait, dans l'éther où de loin on l'entend,
Que ce vaisseau puissant et superbe, en chantant,
    Part pour une de ces étoiles !

Tant cette nef, rompant tous les terrestres nœuds,
Volante, et franchissant le ciel vertigineux,
    Rêve des blêmes Zoroastres,
Comme effrénée au souffle insensé de la nuit,
Se jette, plonge, enfonce et tombe et roule et fuit
    Dans le précipice des astres !

*

Où donc s'arrêtera l'homme séditieux ?
L'espace voit, d'un œil par moment soucieux,
L'empreinte du talon de l'homme dans les nues ;
Il tient l'extrémité des choses inconnues ;
Il épouse l'abîme à son argile uni ;
Le voilà maintenant marcheur de l'infini.
Où s'arrêtera-t-il, le puissant réfractaire ?
Jusqu'à quelle distance ira-t-il de la terre ?
Jusqu'à quelle distance ira-t-il du destin ?
L'âpre Fatalité se perd dans le lointain ;
Toute l'antique histoire affreuse et déformée
Sur l'horizon nouveau fuit comme une fumée.
Les temps sont venus. L'homme a pris possession
De l'air, comme du flot la grèbe et l'alcyon.
Devant nos rêves fiers, devant nos utopies
Ayant des yeux croyants et des ailes impies,
Devant tous nos efforts pensifs et haletants,
L'obscurité sans fond fermait ses deux battants ;

Le vrai champ enfin s'offre aux puissantes algèbres ;
L'homme vainqueur, tirant le verrou des ténèbres,
Dédaigne l'Océan, le vieil infini mort.
La porte noire cède et s'entre-bâille. Il sort !

O profondeurs ! faut-il encor l'appeler l'homme ?

L'homme est d'abord monté sur la bête de somme ;
Puis sur le chariot que portent des essieux ;
Puis sur la frêle barque au mât ambitieux ;
Puis, quand il a fallu vaincre l'écueil, la lame,
L'onde et l'ouragan, l'homme est monté sur la flamme ;
A présent l'immortel aspire à l'éternel ;
Il montait sur la mer, il monte sur le ciel.

L'homme force le sphinx à lui tenir la lampe.
Jeune, il jette le sac du vieil Adam qui rampe,
Et part, et risque aux cieux, qu'éclaire son flambeau,
Un pas semblable à ceux qu'on fait dans le tombeau ;
Et peut-être voici qu'enfin la traversée
Effrayante, d'un astre à l'autre, est commencée !

*

Stupeur! se pourrait-il que l'homme s'élançât?
O nuit! se pourrait-il que l'homme, ancien forçat,
   Que l'esprit humain, vieux reptile,
Devînt ange, et, brisant le carcan qui le mord,
Fût soudain de plain-pied avec les cieux? La mort
   Va donc devenir inutile!

Oh! franchir l'éther! songe épouvantable et beau!
Doubler le promontoire énorme du tombeau!
   Qui sait? Toute aile est magnanime:
L'homme est ailé. Peut-être, ô merveilleux retour!
Un Christophe Colomb de l'ombre, quelque jour,
   Un Gama du cap de l'abîme,

Un Jason de l'azur, depuis longtemps parti,
De la terre oublié, par le ciel englouti,
  Tout à coup, sur l'humaine rive
Reparaîtra, monté sur cet alérion,
Et montrant Sirius, Allioth, Orion,
  Tout pâle, dira : J'en arrive !

Ciel ! ainsi, comme on voit aux voûtes des celliers
Les noirceurs qu'en rôdant tracent les chandeliers,
  On pourrait, sous les bleus pilastres,
Deviner qu'un enfant de la terre a passé,
A ce que le flambeau de l'homme aurait laissé
  De fumée au plafond des astres !

PLEIN CIEL.

*

Pas si loin! pas si haut! redescendons. Restons
L'homme, restons Adam; mais non l'homme à tâtons,
Mais non l'Adam tombé! Tout autre rêve altère
L'espèce d'idéal qui convient à la terre.
Contentons-nous du mot : meilleur! écrit partout.
Oui, l'aube s'est levée.

Oh! ce fut tout à coup
Comme une éruption de folie et de joie,
Quand, après six mille ans dans la fatale voie,
Défaite brusquement par l'invisible main,
La pesanteur, liée au pied du genre humain,
Se brisa, cette chaîne était toutes les chaînes !
Tout s'envola dans l'homme, et les fureurs, les haines,
Les chimères, la force évanouie enfin,
L'ignorance et l'erreur, la misère et la faim,

Le droit divin des rois, les faux dieux juifs ou guèbres,
Le mensonge, le dol, les brumes, les ténèbres,
Tombèrent dans la poudre avec l'antique sort,
Comme le vêtement du bagne dont on sort.

Et c'est ainsi que l'ère annoncée est venue,
Cette ère qu'à travers les temps, épaisse nue,
Thalès apercevait au loin devant ses yeux ;
Et Platon, lorsque, ému, des sphères dans les cieux
Il écoutait les chants et contemplait les danses.

Les êtres inconnus et bons, les providences
Présentes dans l'azur où l'œil ne les voit pas,
Les anges qui de l'homme observent tous les pas,
Leur tâche sainte étant de diriger les âmes,
Et d'attiser, avec toutes les belles flammes,
La conscience au fond des cerveaux ténébreux,
Ces amis des vivants, toujours penchés sur eux,
Ont cessé de frémir, et d'être, en la tourmente
Et dans les sombres nuits, la voix qui se lamente.
Voici qu'on voit bleuir l'idéale Sion.
Ils n'ont plus l'œil fixé sur l'apparition

Du vainqueur, du soldat, du fauve chasseur d'hommes.
Les vagues flamboiements épars sur les Sodomes,
Précurseurs du grand feu dévorant, les lueurs
Que jette le sourcil tragique des tueurs,
Les guerres, s'arrachant avec leur griffe immonde
Les frontières, haillon difforme du vieux monde,
Les battements de cœur des mères aux abois,
L'embuscade ou le vol guettant au fond des bois,
Le cri de la chouette et de la sentinelle,
Les fléaux, ne sont plus leur alarme éternelle.
Le deuil n'est plus mêlé dans tout ce qu'on entend ;
Leur oreille n'est plus tendue à chaque instant
Vers le gémissement indigné de la tombe ;
La moisson rit aux champs où râlait l'hécatombe ;
L'azur ne les voit plus pleurer les nouveau-nés,
Dans tous les innocents pressentir des damnés,
Et la pitié n'est plus leur unique attitude ;
Ils ne regardent plus la morne servitude
Tresser sa maille obscure à l'osier des berceaux.
L'homme aux fers, pénétré du frisson des roseaux,
Est remplacé par l'homme attendri, fort et calme ;
La fonction du sceptre est faite par la palme ;
Voici qu'enfin, ô gloire ! exaucés dans leur vœu,
Ces êtres, dieux pour nous, créatures pour Dieu,
Sont heureux, l'homme est bon, et sont fiers, l'homme est juste ;
Les esprits purs, essaim de l'empyrée auguste,
Devant ce globe obscur qui devient lumineux,
Ne sentent plus saigner l'amour qu'ils ont en eux ;

Une clarté paraît dans leur beau regard sombre;
Et l'archange commence à sourire dans l'ombre.

★

Où va-t-il, ce navire? Il va, de jour vêtu,
A l'avenir divin et pur, à la vertu,
    A la science qu'on voit luire,
A la mort des fléaux, à l'oubli généreux,
A l'abondance, au calme, au rire, à l'homme heureux ;
    Il va, ce glorieux navire,

Au droit, à la raison, à la fraternité,
A la religieuse et sainte vérité
    Sans impostures et sans voiles,
A l'amour, sur les cœurs serrant son doux lien,
Au juste, au grand, au bon, au beau... — Vous voyez bien
    Qu'en effet il monte aux étoiles !

Il porte l'homme à l'homme et l'esprit à l'esprit.
Il civilise, ô gloire! Il ruine, il flétrit
    Tout l'affreux passé qui s'effare,
Il abolit la loi de fer, la loi de sang,
Les glaives, les carcans, l'esclavage, en passant
    Dans les cieux comme une fanfare.

Il ramène au vrai ceux que le faux repoussa;
Il fait briller la foi dans l'œil de Spinosa
    Et l'espoir sur le front de Hobbe;
Il plane, rassurant, réchauffant, épanchant
Sur ce qui fut lugubre et ce qui fut méchant
    Toute la clémence de l'aube.

Les vieux champs de bataille étaient là dans la nuit;
Il passe, et maintenant voilà le jour qui luit
    Sur ces grands charniers de l'histoire
Où les siècles, penchant leur œil triste et profond,
Venaient regarder l'ombre effroyable que font
    Les deux ailes de la victoire.

Derrière lui, César redevient homme ; Éden
S'élargit sur l'Érèbe, épanoui soudain ;
    Les ronces de lys sont couvertes ;
Tout revient, tout renaît ; ce que la mort courbait
Refleurit dans la vie, et le bois du gibet
    Jette, effrayé, des branches vertes.

Le nuage, l'aurore aux candides fraîcheurs,
L'aile de la colombe, et toutes les blancheurs,
    Composent là-haut sa magie ;
Derrière lui, pendant qu'il fuit vers la clarté,
Dans l'antique noirceur de la fatalité
    Des lueurs de l'enfer rougie,

Dans ce brumeux chaos qui fut le monde ancien,
Où l'Allah turc s'accoude au sphinx égyptien,
    Dans la séculaire géhenne,
Dans la Gomorrhe infâme où flambe un lac fumant,
Dans la forêt du mal qu'éclairent vaguement
    Les deux yeux fixes de la Haine,

Tombent, sèchent, ainsi que des feuillages morts,
Et s'en vont la douleur, le péché, le remords,
    La perversité lamentable,
Tout l'ancien joug, de rêve et de crime forgé,
Nemrod, Aaron, la guerre avec le préjugé,
    La boucherie avec l'étable !

Tous les spoliateurs et tous les corrupteurs
S'en vont ; et les faux jours sur les fausses hauteurs ;
    Et le taureau d'airain qui beugle,
La hache, le billot, le bûcher dévorant,
Et le docteur versant l'erreur à l'ignorant,
    Vil bâton qui trompait l'aveugle !

Et tous ceux qui faisaient, au lieu de repentirs,
Un rire au prince avec les larmes des martyrs,
    Et tous ces flatteurs des épées
Qui louaient le sultan, le maître universel,
Et, pour assaisonner l'hymne, prenaient du sel
    Dans le sac aux têtes coupées !

Les pestes, les forfaits, les cimiers fulgurants,
S'effacent, et la route où marchaient les tyrans,
    Bélial roi, Dagon ministre,
Et l'épine, et la haie horrible du chemin
Où l'homme, du vieux monde et du vieux vice humain,
    Entend bêler le bouc sinistre.

On voit luire partout les esprits sidéraux ;
On voit la fin du monstre et la fin du héros,
    Et de l'athée et de l'augure,
La fin du conquérant, la fin du paria ;
Et l'on voit lentement sortir Beccaria
    De Dracon qui se transfigure.

On voit l'agneau sortir du dragon fabuleux,
La vierge de l'opprobre, et Marie aux yeux bleus
    De la Vénus prostituée ;
Le blasphème devient le psaume ardent et pur,
L'hymne prend, pour s'en faire autant d'ailes d'azur,
    Tous les haillons de la huée.

Tout est sauvé ! la fleur, le printemps aromal,
L'éclosion du bien, l'écroulement du mal,
    Fêtent dans sa course enchantée
Ce beau globe éclaireur, ce grand char curieux,
Qu'Empédocle, du fond des gouffres, suit des yeux,
    Et, du haut des monts, Prométhée !

Le jour s'est fait dans l'antre où l'horreur s'accroupit.
En expirant, l'antique univers décrépit,
    Larve à la prunelle ternie,
Gisant, et regardant le ciel noir s'étoiler,
A laissé cette sphère heureuse s'envoler
    Des lèvres de son agonie.

*

Oh! ce navire fait le voyage sacré!
C'est l'ascension bleue à son premier degré;
　　Hors de l'antique et vil décombre,
Hors de la pesanteur, c'est l'avenir fondé;
C'est le destin de l'homme à la fin évadé,
　　Qui lève l'ancre et sort de l'ombre!

Ce navire là-haut conclut le grand hymen.
Il mêle presque à Dieu l'âme du genre humain.
　　Il voit l'insondable, il y touche;
Il est le vaste élan du progrès vers le ciel;
Il est l'entrée altière et sainte du réel
　　Dans l'antique idéal farouche.

Oh! chacun de ses pas conquiert l'illimité !
Il est la joie; il est la paix; l'humanité
    A trouvé son organe immense;
Il vogue, usurpateur sacré, vainqueur béni,
Reculant chaque jour plus loin dans l'infini
    Le point sombre où l'homme commence.

Il laboure l'abîme; il ouvre ces sillons
Où croissaient l'ouragan, l'hiver, les tourbillons,
    Les sifflements et les huées;
Grâce à lui, la concorde est la gerbe des cieux;
Il va, fécondateur du ciel mystérieux,
    Charrue auguste des nuées.

Il fait germer la vie humaine dans ces champs
Où Dieu n'avait encor semé que des couchants
    Et moissonné que des aurores;
Il entend, sous son vol qui fend les airs sereins,
Croître et frémir partout les peuples souverains,
    Ces immenses épis sonores!

Nef magique et suprême ! elle a, rien qu'en marchant,
Changé le cri terrestre en pur et joyeux chant,
  Rajeuni les races flétries,
Établi l'ordre vrai, montré le chemin sûr,
Dieu juste ! et fait entrer dans l'homme tant d'azur
  Qu'elle a supprimé les patries !

Faisant à l'homme avec le ciel une cité,
Une pensée avec toute l'immensité,
  Elle abolit les vieilles règles ;
Elle abaisse les monts, elle annule les tours ;
Splendide, elle introduit les peuples, marcheurs lourds,
  Dans la communion des aigles.

Elle a cette divine et chaste fonction
De composer là-haut l'unique nation,
  A la fois dernière et première,
De promener l'essor dans le rayonnement,
Et de faire planer, ivre de firmament,
  La liberté dans la lumière.

XV

HORS DES TEMPS

LA TROMPETTE DU JUGEMENT

Je vis dans la nuée un clairon monstrueux.

Et ce clairon semblait, au seuil profond des cieux,
Calme, attendre le souffle immense de l'archange.

Ce qui jamais ne meurt, ce qui jamais ne change,

L'entourait. A travers un frisson, on sentait
Que ce buccin fatal, qui rêve et qui se tait,
Quelque part, dans l'endroit où l'on crée, où l'on sème,
Avait été forgé par quelqu'un de suprême
Avec de l'équité condensée en airain.
Il était là, lugubre, effroyable, serein.
Il gisait sur la brume insondable qui tremble,
Hors du monde, au delà de tout ce qui ressemble
A la forme de quoi que ce soit.

                        Il vivait.

Il semblait un réveil songeant près d'un chevet.

Oh! quelle nuit! là, rien n'a de contour ni d'âge;
Et le nuage est spectre, et le spectre est nuage.

*

Et c'était le clairon de l'abîme.

       Une voix
Un jour en sortira qu'on entendra sept fois.
En attendant, glacé, mais écoutant, il pense ;
Couvant le châtiment, couvant la récompense ;
Et toute l'épouvante éparse au ciel est sœur
De cet impénétrable et morne avertisseur.

Je le considérais dans les vapeurs funèbres
Comme on verrait se taire un coq dans les ténèbres.
Pas un murmure autour du clairon souverain.

Et la terre sentait le froid de son airain,
Quoique, là, d'aucun monde on ne vît les frontières.

Et l'immobilité de tous les cimetières,
Et le sommeil de tous les tombeaux, et la paix
De tous les morts couchés dans la fosse, étaient faits
Du silence inouï qu'il avait dans la bouche ;
Ce lourd silence était pour l'affreux mort farouche
L'impossibilité de faire faire un pli
Au suaire cousu sur son front par l'oubli.
Ce silence tenait en suspens l'anathème.
On comprenait que tant que ce clairon suprême
Se tairait, le sépulcre, obscur, roidi, béant,
Garderait l'attitude horrible du néant,
Que la momie aurait toujours sa bandelette,
Que l'homme irait tombant du cadavre au squelette,
Et que ce fier banquet radieux, ce festin
Que les vivants gloutons appellent le destin,
Toute la joie errante en tourbillons de fêtes,
Toutes les passions de la chair satisfaites,
Gloire, orgueil, les héros ivres, les tyrans soûls,
Continueraient d'avoir pour but et pour dessous
La pourriture, orgie offerte aux vers convives;
Mais qu'à l'heure où soudain, dans l'espace sans rives,
Cette trompette vaste et sombre sonnerait,
On verrait, comme un tas d'oiseaux d'une forêt,

Toutes les âmes, cygne, aigle, éperviers, colombes,
Frémissantes, sortir du tremblement des tombes,
Et tous les spectres faire un bruit de grandes eaux,
Et se dresser, et prendre à la hâte leurs os,
Tandis qu'au fond, au fond du gouffre, au fond du rêve,
Blanchissant l'absolu, comme un jour qui se lève,
Le front mystérieux du juge apparaîtrait !

*

Ce clairon avait l'air de savoir le secret.

On sentait que le râle énorme de ce cuivre
Serait tel qu'il ferait bondir, vibrer, revivre
L'ombre, le plomb, le marbre, et qu'à ce fatal glas,
Toutes les surdités voleraient en éclats ;

Que l'oubli sombre, avec sa perte de mémoire,
Se lèverait au son de la trompette noire ;
Que dans cette clameur étrange, en même temps
Qu'on entendrait frémir tous les cieux palpitants,
On entendrait crier toutes les consciences ;
Que le sceptique au fond de ses insouciances,
Que le voluptueux, l'athée et le douteur,
Et le maître tombé de toute sa hauteur,
Sentiraient ce fracas traverser leurs vertèbres ;
Que ce déchirement céleste des ténèbres
Ferait dresser quiconque est soumis à l'arrêt ;
Que qui n'entendit pas le remords, l'entendrait ;
Et qu'il réveillerait, comme un choc à la porte,
L'oreille la plus dure et l'âme la plus morte,
Même ceux qui, livrés au rire, aux vains combats,
Aux vils plaisirs, n'ont point tenu compte ici-bas
Des avertissements de l'ombre et du mystère,
Même ceux que n'a point réveillés sur la terre
Le tonnerre, ce coup de cloche de la nuit !

Oh ! dans l'esprit de l'homme où tout vacille et fuit,
Où le verbe n'a pas un mot qui ne bégaie,
Où l'aurore apparaît, hélas ! comme une plaie,
Dans cet esprit, tremblant dès qu'il ose augurer,
Oh ! comment concevoir, comment se figurer

Cette vibration communiquée aux tombes,
Cette sommation aux blêmes catacombes,
Du ciel ouvrant sa porte et du gouffre ayant faim,
Le prodigieux bruit de Dieu disant : Enfin !

Oui, c'est vrai, — c'est du moins jusque-là que l'œil plonge, —
C'est l'avenir, — du moins tel qu'on le voit en songe, —
Quand le monde atteindra son but, quand les instants,
Les jours, les mois, les ans, auront rempli le temps,
Quand tombera du ciel l'heure immense et nocturne,
Cette goutte qui doit faire déborder l'urne,
Alors, dans le silence horrible, un rayon blanc,
Long, pâle, glissera, formidable et tremblant,
Sur ces haltes de nuit qu'on nomme cimetières,
Les tentes frémiront, quoiqu'elles soient des pierres,
Dans tous ces sombres camps endormis ; et, sortant
Tout à coup de la brume où l'univers l'attend,
Ce clairon, au-dessus des êtres et des choses,
Au-dessus des forfaits et des apothéoses,
Des ombres et des os, des esprits et des corps,
Sonnera la diane effrayante des morts.

O lever en sursaut des larves pêle-mêle !
Oh ! la Nuit réveillant la Mort, sa sœur jumelle !

Pensif, je regardais l'incorruptible airain.

*

Les volontés sans loi, les passions sans frein,
Toutes les actions de tous les êtres, haines,
Amours, vertus, fureurs, hymnes, cris, plaisirs, peines,
Avaient laissé, dans l'ombre où rien ne remuait,
Leur pâle empreinte autour de ce bronze muet;
Une obscure Babel y tordait sa spirale.

Sa dimension vague, ineffable, spectrale,
Sortant de l'éternel, entrait dans l'absolu.
Pour pouvoir mesurer ce tube, il eût fallu
Prendre la toise au fond du rêve, et la coudée
Dans la profondeur trouble et sombre de l'idée;
Un de ses bouts touchait le bien, l'autre le mal;
Et sa longueur allait de l'homme à l'animal,

LA TROMPETTE DU JUGEMENT.

Quoiqu'on ne vît point là d'animal et point d'homme ;
Couché sur terre, il eût joint Éden à Sodome.

Son embouchure, gouffre où plongeait mon regard,
Cercle de l'Inconnu ténébreux et hagard,
Pleine de cette horreur que le mystère exhale,
M'apparaissait ainsi qu'une offre colossale
D'entrer dans l'ombre où Dieu même est évanoui.
Cette gueule, avec l'air d'un redoutable ennui,
Morne, s'élargissait sur l'homme et la nature ;
Et cette épouvantable et muette ouverture
Semblait le bâillement noir de l'éternité.

*

Au fond de l'immanent et de l'illimité,
Parfois, dans les lointains sans nom de l'Invisible,
Quelque chose tremblait de vaguement terrible,

Et brillait et passait, inexprimable éclair.
Toutes les profondeurs des mondes avaient l'air
De méditer, dans l'ombre où l'ombre se répète,
L'heure où l'on entendrait de cette âpre trompette
Un appel aussi long que l'infini, jaillir.
L'immuable semblait d'avance en tressaillir.

Des porches de l'abîme, antres hideux, cavernes
Que nous nommons enfers, puits, gehennams, avernes,
Bouches d'obscurité qui ne prononcent rien,
Du vide, où ne flottait nul souffle aérien,
Du silence où l'haleine osait à peine éclore,
Ceci se dégageait pour l'âme : Pas encore.

Par instants, dans ce lieu triste comme le soir,
Comme on entend le bruit de quelqu'un qui vient voir,
On entendait le pas boiteux de la justice ;
Puis cela s'effaçait. Des vermines, le vice,
Le crime, s'approchaient, et, fourmillement noir,
Fuyaient. Le clairon sombre ouvrait son entonnoir.
Un groupe d'ouragans dormait dans ce cratère.
Comme cet organum des gouffres doit se taire

Jusqu'au jour monstrueux où nous écarterons
Les clous de notre bière au-dessus de nos fronts,
Nul bras ne le touchait dans l'invisible sphère ;
Chaque race avait fait sa couche de poussière
Dans l'orbe sépulcral de son évasement ;
Sur cette poudre l'œil lisait confusément
Ce mot : RIEZ, écrit par le doigt d'Épicure ;
Et l'on voyait, au fond de la rondeur obscure,
La toile d'araignée horrible de Satan.

Des astres qui passaient murmuraient : « Souviens-t'en !
Prie ! » et la nuit portait cette parole à l'ombre.

Et je ne sentais plus ni le temps ni le nombre.

*

Une sinistre main sortait de l'infini.

Vers la trompette, effroi de tout crime impuni,
Qui doit faire à la mort un jour lever la tête,
Elle pendait énorme, ouverte, et comme prête
A saisir ce clairon qui se tait dans la nuit,
Et qu'emplit le sommeil formidable du bruit.
La main, dans la nuée et hors de l'Invisible,
S'allongeait. A quel être était-elle? Impossible
De le dire, en ce morne et brumeux firmament.
L'œil dans l'obscurité ne voyait clairement
Que les cinq doigts béants de cette main terrible;
Tant l'être, quel qu'il fût, debout dans l'ombre horrible,

— Sans doute quelque archange ou quelque séraphin
Immobile, attendant le signe de la fin, —
Plongeait profondément, sous les ténébreux voiles,
Du pied dans les enfers, du front dans les étoiles!

FIN DU TOME SECOND

TABLE

TABLE

DU TOME SECOND

VII

L'ITALIE. — RATBERT

	Pages.
I. Les conseillers probes et libres............	3
II. La défiance d'Onfroy.......................	17
III. La confiance du marquis Fabrice...........	25
i. Isora de Final. — Fabrice d'Albenga..........	25
ii. Le défaut de la cuirasse...................	28
iii. Aïeul maternel...........................	30
iv. Un seul homme sait où est caché le trésor.....	33
v. Le corbeau.	35
vi. Le père et la mère........................	37

	Pages.
VII. Joie au château............................	39
VIII. La toilette d'Isora.......................	41
IX. Joie hors du château......................	46
X. Suite de la joie...........................	47
XI. Toutes les faims satisfaites.................	52
XII. Que c'est Fabrice qui est un traître........	54
XIII. Silence...................................	55
XIV. Ratbert rend l'enfant à l'aïeul..............	59
XV. Les deux têtes............................	65
XVI. Après justice faite........................	68

VIII

SEIZIÈME SIÈCLE. — RENAISSANCE. PAGANISME

LE SATYRE..	73
Prologue. Le Satyre........................	73
I. Le bleu................................	77
II. Le noir...............................	87
III. Le sombre.............................	97
IV. L'étoilé...............................	105

IX

LA ROSE DE L'INFANTE

LA ROSE DE L'INFANTE.........................	113

X

L'INQUISITION

Pages.

Les raisons du Momotombo........................ 127

XI

LA CHANSON DES AVENTURIERS DE LA MER

La chanson des aventuriers de la mer........... 133

XII

DIX-SEPTIÈME SIÈCLE. — LES MERCENAIRES

Le régiment du baron Madruce (Garde impériale suisse).. 143

XIII

MAINTENANT

I. Après la bataille........................... 173
II. Le crapaud................................. 175
III. Les pauvres gens........................... 183
IV. Paroles dans l'épreuve..................... 201

XIV

VINGTIÈME SIÈCLE

	Pages.
I. Pleine mer	207
II. Plein ciel	219

XV

HORS DES TEMPS

La trompette du jugement..................... 254

PARIS. — IMPRIMERIE DE J. CLAYE, RUE SAINT-BENOIT, 7.

www.ingramcontent.com/pod-product-compliance
Lightning Source LLC
Chambersburg PA
CBHW050636170426
43200CB00008B/1043